Beate Zimpelmann/Hans-L. Endl (Hrsg.)
Zeit ist Geld

Katja Barloschky, Geschäftsführerin der bremer arbeit gmbh, eines öffentlichen Unternehmens des Landes Bremen zur Bewirtschaftung und Projektbegleitung arbeitsmarktpolitischer Programme.

Adelheid Biesecker, Professorin emerita für ökonomische Theorie an der Universität Bremen.

Dr. Hans-L. Endl, Hauptgeschäftsführer Arbeitnehmerkammer Bremen.

Rudolf Hickel, Professor emeritus für Politische Ökonomie und Finanzwissenschaft an der Universität Bremen; Mitglied der »Arbeitsgruppe Alternative Wirtschaftspolitik«, Direktor des Instituts Arbeit und Wirtschaft (IAW) der Universität Bremen.

André Holtrup, wissenschaftlicher Mitarbeiter am Institut Arbeit und Wirtschaft (IAW) der Universität Bremen.

Dr. Steffen Lehndorff, Abteilungsleiter »Arbeitszeit und Arbeitsorganisation« im Institut Arbeit und Qualifikation (IAQ), Universität Duisburg-Essen.

Dr. Hartmut Seifert, Leiter des Wirtschafts- und Sozialwissenschaftlichen Instituts in der Hans Böckler Stiftung, Düsseldorf.

Helmut Spitzley, Professor für Arbeitswissenschaft an der Universität Bremen und am Institut Arbeit und Wirtschaft (IAW).

Margareta Steinrücke, Referentin für Frauen-, Gleichstellungs- und Arbeitszeitpolitik der Arbeitnehmerkammer Bremen mit den Schwerpunkten Geschlechter- und soziale Ungleichheit, Vereinbarkeit von Familie und Beruf.

Beate Zimpelmann, Professorin am Internationalen Studiengang Politikmanagement der Hochschule Bremen mit dem Schwerpunkt »Praxis der Politik«. Leiterin des Masterstudiengangs »Sustainable Development in Multi Level Governance« und Vorsitzende des Kompetenzzentrums Nachhaltigkeit im Globalen Wandel (GLOKAL) an der Hochschule Bremen.

Beate Zimpelmann/
Hans-L. Endl (Hrsg.)
Zeit ist Geld
Ökonomische, ökologische
und soziale Grundlagen
von Arbeitszeitverkürzung

Ein Projekt der Arbeitnehmerkammer
Bremen und des Internationalen
Studiengangs Politikmanagement
der Hochschule Bremen

VSA: Verlag Hamburg

www.arbeitnehmerkammer.de

www.ispm-bremen.de

www.vsa-verlag.de

© VSA-Verlag 2008, St. Georgs Kirchhof 6, 20099 Hamburg
Alle Rechte vorbehalten
Umschlagabbildung: Designbüro Möhlenkamp, Bremen
Druck und Buchbindearbeiten: Fuldaer Verlagsanstalt
ISBN 978-3-89965-324-3

Inhalt

Vorwort von Hans-L. Endl 7

Margareta Steinrücke/Beate Zimpelmann
Einleitung 9

Rudolf Hickel
Kürzer arbeiten – besser für die Volkswirtschaft 17
Gesamtwirtschaftliche Gründe für Arbeitszeitverkürzung

Hartmut Seifert
Kürzer arbeiten – besser für den Arbeitsmarkt 37
Arbeitszeitverkürzung, Produktivität und Arbeitslosigkeit

Adelheid Biesecker
Kürzer arbeiten – besser für die Umwelt 55
Arbeitszeitverkürzung und Ökologie

Steffen Lehndorff
Kürzer arbeiten – besser für Europa 77
Arbeitszeit im Standortwettbewerb

Katja Barloschky
Kürzer arbeiten – besser für Männer und Frauen 93
Arbeitszeitnöte – Arbeitszeitwünsche: Kritische Bestandsaufnahme
und Alternativen zur Politik der Angst

André Holtrup/Helmut Spitzley
Kürzer arbeiten – besser für alle 111
»Kurze Vollzeit« und »Vollbeschäftigung neuen Typs« –
ökonomische Grundlagen und soziale Chancen

Vorwort

Es vergeht bei uns in Deutschland kaum ein Tag, an dem nicht Vertreterinnen und Vertreter »der« Wirtschaft die heilbringende Wirkung von Arbeitszeitverlängerung für unsere Volkswirtschaft propagieren und eine Rückkehr zur 40-Stunden-Woche (und mehr) fordern.

Arbeitszeitverlängerung senke Kosten, das erhöhe die Produktivität, das mache wettbewerbsfähiger und schaffe schließlich Arbeitsplätze.

Das klingt verheißungsvoll, nur leider stimmt es nicht: Im globalen Gleichschritt betriebswirtschaftlicher Entscheidungen bleibt es ein volkswirtschaftliches Märchen.

In Wirklichkeit ist das Gegenteil der Fall: Neue Arbeitsplätze können nur durch Arbeitszeitverkürzung verbunden mit der Umverteilung von Arbeit geschaffen werden.

Um die ökonomischen Zusammenhänge zwischen Arbeitszeit, Wettbewerbsfähigkeit, Arbeitslosigkeit, Wachstum und Umwelt wissenschaftlich genau und verständlich darzustellen, haben wir namhafte Wirtschaftswissenschaftlerinnen und -wissenschaftler aus Bremen und der Bundesrepublik eingeladen, ihre Kenntnisse zu den ökonomischen Grundlagen von Arbeitszeitverkürzung einzubringen und mit entsprechenden Vorschlägen zur Diskussion zu stellen.

Die Arbeitnehmerkammer Bremen sorgt mit Vortrags- und Diskussionsreihen wie der hier dokumentierten dafür, dass weiterhin öffentlich über das Thema Arbeitszeitverkürzung nachgedacht wird. Selbstverständlich deckt sich nicht jeder dieser Vorträge mit der Position der Arbeitnehmerkammer Bremen in dieser Frage. Dennoch halten wir es für wichtig – trotz z.T. gegenläufiger realer Entwicklungen –, Möglichkeiten, Voraussetzungen und Formen der Arbeitszeitverkürzung mit Fachleuten und Betriebsangehörigen, mit Arbeitnehmer/innen und Arbeit Suchenden zu diskutieren und damit Anregungen für eine andere Praxis zu geben.

Dr. Hans-L. Endl
Hauptgeschäftsführer
Arbeitnehmerkammer Bremen

Margareta Steinrücke/ Beate Zimpelmann
Einleitung

Alle Ökonomie ist eine Ökonomie der Zeit, sagt Karl Marx. Dass aber Zeit Geld ist, ist eine Besonderheit des Kapitalismus. Nur in dieser Gesellschaftsform, in der das Streben nach Profit der Motor der Ökonomie ist und jedes Einzel-Kapital nach möglichst langen Arbeitszeiten als Quelle seines Profits strebt, gibt es Phänomene wie Zeitnot, Zeitgeiz, rasende Beschleunigung, rund um die Uhr-Arbeiten, die Durchökonomisierung aller Arbeits- und Lebenszeit. Dieses Grundprinzip kapitalistischer Gesellschaften hat durch die in den letzten Jahren erstmals gleichzeitig erfolgte Verdichtung und Verlängerung der Arbeit in dem deshalb so genannten Turbokapitalismus eine enorme Verschärfung erfahren.

Gleichzeitig hat sich ein tiefes Gefühl des Gerechtigkeitsverlustes eingestellt. So etwa stellt es Wilhelm Heitmeyer in seiner aktuell vorgelegten Studie »Deutsche Zustände 2007« fest.

Aus der Gesellschaft der Ähnlichen wird (verzögert) auch in Deutschland zunehmend eine der sozialen Ungleichheit, die in tatsächliche und gefühlte neue Unsicherheit mündet und damit die sozialen Fundamente der Demokratie schwächt.

Die aktuelle Finanzkrise verstärkt die neue Unsicherheit und führt zu einer Konjunkturkrise. Es wird erwartet, dass die privaten Haushalte ihre Ausgaben zurückfahren. Nach Meinung der großen Wirtschaftsforschungsinstitute befindet sich Deutschland im Oktober 2008 am Rande einer Rezession. Sie prognostizieren in ihrem Herbstgutachten Nullwachstum im Jahre 2009 nach plus 1,8% in diesem Jahr. Dies wird direkte Auswirkungen auf den Arbeitsmarkt haben – die Institute gehen von deutlich mehr Arbeitslosen im Laufe des kommenden Jahres aus. Allen voran betrifft es die Automobilindustrie: »Die Bänder stehen still«, titelte die TAZ am 8. Oktober 2008.

Seit Mitte der 1970er Jahre gehört hohe Arbeitslosigkeit zur politischen Realität in Deutschland. Auch wenn die Arbeitslosenzahlen in konjunkturellen Hochphasen zeitweilig sinken, ist eine Entwicklung in den letzten Jahren unübersehbar: Es hat sich eine Unterbeschäftigung aufgebaut, die viele Menschen umfasst. Die derzeitige konjunkturelle Krise verschärft dies noch. Können wir mit einer Politik des »Weiter so« und des Hoffens auf den Wirtschaftsaufschwung, mit Konjunkturprogrammen diese Problematik lösen?

Wir meinen »nein«. Die ökologische Krise, medial vor allem als Klimakrise transportiert, zwingt uns, die bisherigen Wertorientierungen des »schneller, höher, größer, mehr« durch andere wie »langsamer, weniger, besser, schöner«, wie sie schon 1994 in den Toblacher Thesen thematisiert wurden, zu ersetzen.

Dieser Wertewandel wird eng verknüpft mit dem Begriff des ökologischen Wohlstandes: »Ökologischer Wohlstand ist die wünschbare und notwendige Zukunft. Er ist das Leitbild für eine Gesellschaft, die für ihre Bürger ein gutes Leben anstrebt, aber weder auf Kosten der Natur noch auf Kosten gegenwärtiger und späterer Generationen. Das Wirtschaftswachstum nach heutigem Muster gefährdet das Leben und Überleben der Menschheit. Die Umweltprobleme sind global geworden und die Lebensgrundlagen selbst werden von uns aufs Spiel gesetzt.

Obwohl in den Industrieländern das Bruttosozialprodukt weiter steigt, fällt inzwischen der reale Wohlstand: Wir sind von Natur, Handarbeit und sozialen Verpflichtungen befreit, dafür leiden wir an Verkehrsbelastung, Müllbergen, Stress, Beziehungslosigkeit und Gewalt. Unser Überkonsum verschüttet unsere Wünsche, Phantasien und geistigen Fähigkeiten. Unser industrielles Wachstumsmodell ist das Problem, das wir vorrangig lösen müssen.« (Toblacher Thesen, 1994, http://vorort.bund.net/suedlicher-oberrhein/toblacher-thesen.html)

Die Finanzkrise hat uns auf dramatische Weise deutlich gemacht, dass unser Wirtschaftssystem, in dem ein kleiner Teil der Welt auf Kosten aller anderen lebt, in dieser Form nicht überlebensfähig sein wird. Dies gilt für die sozialen Aspekte genauso wie für die ökologischen.

Wir beobachten eine zunehmende Segregation der Gesellschaft in Arm und Reich, in Arbeitsplatz»besitzerInnen« und Arbeitslose. Wir beobachten eine bedrohliche Zunahme der Umweltbelastungen, die eine Hypothek für zukünftige Generationen mit einer extremen Verschlechterung von deren Lebensbedingungen schafft. Kann da Wirtschaftswachstum noch als Hauptstrategie ausgerufen werde, um mehr Menschen in Arbeit zu bringen? Stattdessen muss es um Umverteilung gehen: Umverteilung von Arbeit, von Ressourcen, von Gewinnen. Auf Deutschland bezogen bestätigt die neue Studie, die das Wuppertal Institut im Auftrag von BUND, Brot für die Welt und Evangelischem Entwicklungsdienst durchgeführt hat: »Deutschland ist nicht zukunftsfähig, wenn es weiterhin an der Wachstums- und Konsumideologie festhält.«

Es geht aber auch um eine Umverteilung der Arbeit zwischen Mann und Frau: Wir brauchen eine neue Politik der Arbeit, die (endlich) die traditionelle Rollenteilung zwischen Mann und Frau korrigiert!

Einleitung

Dieses Buch und die Veranstaltungsreihe, die es dokumentiert, setz(t)en sich mit den ökonomischen Grundlagen der Arbeitszeitverkürzung auseinander und setzen sie in Bezug zu deren sozialen und ökologischen Implikationen. Es wird aufgezeigt, dass Arbeitszeitverkürzung sozial und ökologisch notwendig und ökonomisch sinnvoll und machbar ist.

Im neoklassischen bzw. neoliberalen Mainstream der deutschen Wirtschaftswissenschaften – vom Kieler Institut für Weltwirtschaft bis zu Hans Werner Sinn vom Ifo-Institut München – wird allerdings ganz im Gegenteil immer wieder behauptet, Arbeitszeitverkürzung sei betriebs- und volkswirtschaftlich schädlich, nur Arbeitszeitverlängerung würde die Lohnkosten senken, die deutschen Unternehmen und damit den Standort Deutschland insgesamt wettbewerbsfähig machen, die sinkenden Lohnkosten würden in sinkende Preise weitergegeben, damit die Nachfrage angekurbelt und so Arbeitsplätze geschaffen.

Dass diese von den meisten Medien fleißig transportierten Behauptungen interessegeleitete Ideologien sind und tatsächlich das Gegenteil der Fall ist, zeigen uns in diesem Band namhafte kritische Wirtschaftswissenschaftlerinnen und -wissenschaftler.

Rudolf Hickel, Professor emeritus der Universität Bremen und Direktor des Instituts Arbeit und Wirtschaft, zeigt, dass die Produktivität im 20. Jahrhundert aufgrund technologischer und arbeitsorganisatorischer Innovationen kontinuierlich stärker gestiegen ist als die Produktion. Daraus folgt zwangsläufig Arbeitslosigkeit, es sei denn, das gesamtwirtschaftliche Arbeitsvolumen wird durch Arbeitszeitverkürzung reduziert. Dies war bis in die 1990er Jahre beschäftigungspolitisch erfolgreich der Fall und müsste im gesamtwirtschaftlichen Interesse weitergeführt werden. Rudolf Hickel bezieht sich hier auf John Maynard Keynes und den Nobelpreisträger für Ökonomie Wassily Leontief, die bereits 1930 bzw. 1973 für das 21. Jahrhundert eine Arbeitszeit von 15 bis 20 Wochenstunden als ausreichend prognostiziert haben.

Der in den letzten Jahren in Deutschland begangene, genau entgegengesetzte Weg der Arbeitszeitverlängerung hat allein einzelbetrieblich kurzfristige Wettbewerbsvorteile, nämlich durch eine indirekte Lohnkostensenkung. Gesamtwirtschaftlich hat er nur Nachteile: Er verschärft die Konkurrenz, erhöht die Arbeitslosigkeit, schwächt die Binnennachfrage, produziert Einnahmeausfälle und immense Kosten für Staat, Sozialversicherungsträger und Gesundheitswesen (lange Arbeitszeiten und Arbeitslosigkeit erzeugen enorme Krankheits-, Erwerbsunfähigkeits- und Frühverrentungskosten). Etwas nachhaltiger gedacht haben kürzere Arbeitszeiten auch für das einzelne Unternehmen Vorteile: Sie erhöhen Leistungsfähigkeit und Motivation der Beschäftigten, damit Produktivität und Qualität der Arbeit, minimieren Krankheitsausfälle, bieten Raum für Qualifizierung.

Die Alternativen zu Arbeitszeitverkürzung, nämlich ein Wirtschaftswachstum, das höher ist als das Produktivitätswachstum, oder das Zurückdrehen der Produktivität durch Verhinderung von Rationalisierung, sind aus ökologischen Gründen und weil Maschinenstürmerei heute keine Zustimmung finden würde, nicht akzeptabel. Die ersten Schritte auf dem einzig gangbaren Weg der Arbeitszeitverkürzung müssten heute Hickel zufolge die flächendeckende, alle Branchen und Regionen erfassende Durchsetzung der 35-Stunden-Woche sein und flankierend der Abbau prekärer Beschäftigung mit ihren teilweise viel zu kurzen und unsicheren Arbeitszeiten.

André Holtrup und *Helmut Spitzley* kommen in diesem Band auf Basis eigener Berechnungen zu dem Schluss, dass z.Zt. eine ca. 30-Stunden-Woche der gesamtwirtschaftlich zuträgliche Arbeitszeitumfang wäre, mit dem Arbeitslosigkeit abgebaut und Vollbeschäftigung wieder hergestellt werden könnte.

Hartmut Seifert, Abteilungsleiter Arbeitsmarkt- und Arbeitszeitpolitik am WSI in Düsseldorf, zeichnet ebenfalls den Prozess der Verlängerung und Flexibilisierung der Arbeitszeit nach mit den Folgen Arbeitsverdichtung und immer mehr Arbeit zu (sozial und gesundheitlich) ungünstigen Zeiten: Nacht-, Schicht- und Wochenendarbeit. Er zeigt, dass die Arbeitsproduktivität umso höher ist, je kürzer die Arbeitszeiten sind, und gleichzeitig die Arbeitslosigkeit in den Ländern am niedrigsten ist, in denen auch die Arbeitszeiten am kürzesten sind. Er plädiert deshalb für kürzere Arbeitszeiten zum Abbau von Arbeitslosigkeit einerseits, zur Erhaltung der Arbeitsfähigkeit der Menschen, die angesichts des demografischen Wandels immer länger arbeiten müssen, andererseits, und drittens, um den Nachwuchs an Arbeitskraft, die Kinder, durch eine bessere Vereinbarkeit von Familie und Beruf überhaupt zeugen und verantwortlich aufziehen zu können, wofür kürzere und verlässlich planbare Arbeitszeiten die wichtigste Voraussetzung darstellen.

Steffen Lehndorff, Abteilungsleiter Internationale Arbeitszeitforschung am Institut Arbeit und Qualifikation in Gelsenkirchen, zeigt am Vergleich der Arbeitszeiten in Europa, dass Deutschland entgegen der Propaganda von »Deutschland als Freizeitpark« mit seinen Arbeitszeiten lange Jahre genau im europäischen Durchschnitt lag (in jüngster Zeit hat es mit 41,1 Wochenstunden sogar die viertlängsten Arbeitszeiten in Europa). Die von den Arbeitgebern forcierte Arbeitszeitverlängerung stellt eine Abkehr vom bisherigen Standortvorteil Deutschlands, nämlich der Spezialisierung auf hochtechnisierte Qualitätsproduktion, hin zum Standortvorteil Lohnkostensenkung durch Arbeitszeitverlängerung ohne Lohnausgleich dar. Eine Strategie, die

Einleitung

angesichts der hohen Produktivität Deutschlands und der entsprechend geringen Lohnstückkosten, die sich in dem enorm hohen Exportüberschuss Deutschlands niederschlagen, völlig überflüssig ist und sich de facto produktivitätssenkend und innovationshemmend auswirkt. Deutschlands Schwäche im Standortwettbewerb sind nicht zu kurze Arbeitszeiten, sondern zu geringe Investitionen in Bildung. Das wichtigste ökonomische Potenzial einer Gesellschaft, das menschliche Arbeitsvermögen, bedarf der Entwicklung und Gesunderhaltung, die durch lange Arbeitszeiten gerade verhindert werden. Besonders standortschädlich ist Lehndorff zufolge die Stilllegung und schlechte Bezahlung des weiblichen Arbeitsvermögens, das das höchstqualifizierte aller Zeiten ist. Da Frauen in Deutschland (West) aufgrund eines völlig unzulänglichen Halbtagskinderbetreungs- und -Schulsystems immer noch vor die Wahl »Kinder oder Karriere« gestellt werden, haben wir mit 24% den viertgrößten Lohnunterschied zwischen den Geschlechtern und die kürzeste Teilzeitarbeit von Frauen in Europa. Um dieses ungenutzte weibliche Potenzial zu aktivieren, braucht es gerade kürzere Normalarbeitszeiten und als Gegenstück die Erhöhung der häufig viel zu kurzen Arbeitszeiten bei Teilzeit und Minijobs, flankiert von einem bedarfsangemessenen Ausbau des Kinderbetreuungs- und Ganztagsschulsystems.

Ökonomisch sinnvoll ist Arbeitszeitverkürzung auch unter dem Aspekt, dass eine Wachstumsökonomie nicht mehr bezahlbar ist; die ökologischen Kosten werden zu hoch werden. Dies hat der Stern-Report 2006 eindrucksvoll nachgewiesen:

Nicholas Stern, ehemaliger Chefökonom der Weltbank, schätzt die jährlichen Kosten für die notwendige Stabilisierung der Treibhausgaskonzentration zwischen 500 und 550 ppm Kohlendioxidäquivalenten auf etwa 1% des globalen Bruttoinlandsprodukts, wenn jetzt begonnen wird, entschieden zu handeln. Wenn nichts getan wird, um die Emissionen von Treibhausgasen zu reduzieren, könnte die Konzentration von Treibhausgasen in der Atmosphäre nach seiner Einschätzung bereits 2035 das Doppelte ihres vorindustriellen Niveaus erreichen, was einen Anstieg der Durchschnittstemperatur von mehr als 2°C bedeuten würde. Längerfristig gesehen läge die Wahrscheinlichkeit, dass der Temperaturanstieg 5°C überschreiten würde, bei mehr als 50%, wenn nicht gehandelt wird. Dieser Anstieg würde dem Anstieg der Durchschnittstemperatur seit der letzten Eiszeit entsprechen. Der Bericht kommt zu dem Ergebnis, dass die Kosten des Klimawandels, wenn nicht gehandelt wird, dem Verlust von wenigstens 5% des globalen Bruttoinlandsprodukts entsprechen.

In diesem Buch werden deshalb ökonomische Grundlagen der Umverteilung von Arbeit, Einkommen und Zeit im Zusammenhang von Gerechtigkeit und Geschlechterdemokratie einerseits und ökologischer und sozialer Nachhaltigkeit andererseits diskutiert.

Adelheid Biesecker, Professorin emerita der Universität Bremen, startet ihren Beitrag mit der provokanten These, dass die Menschen keine Zeit mehr für so lange Erwerbsarbeitszeiten haben, »denn sie haben Wichtigeres zu tun«. Sie konstatiert: »Vollbeschäftigung, wie wir sie kannten, wird es nicht mehr geben«. Bei der Diskussion des Verhältnisses von Arbeitszeitverkürzung und Ökologie gehe es um Qualitäten – um sozial-ökologische Qualitäten von Arbeitsprozessen und Arbeitsprodukten. Es gehe um Arbeitsprozesse, die in ihrem Verlauf und in ihrem Ergebnis das CO_2-Halbierungsziel bis 2050 erreichbar machen.

Biesecker geht es um eine qualitativ veränderte Ökonomie, die die Natur bewusst berücksichtigt. Ein solcher zyklischer ökonomischer Prozess schließt die Phasen der natürlichen Produktion und der natürlichen Reduktion ein. Daraus leitet Biesecker eine andere Betrachtung der Arbeit ab, sie fordert eine radikale Erweiterung des Begriffes der Arbeit und stellt ihr Modell der »ganzen Arbeit« vor. Dieses umfasst alle Tätigkeiten, die am natürlichen Reproduktionsprozess teilnehmen, und enthält nicht nur die klassische Erwerbsarbeit, sondern auch Familienarbeit, Eigenarbeit und ehrenamtliche Arbeit.

Damit stellt sie gleichzeitig die Forderung nach der notwendigen paritätischen Verteilung der verschiedenen Arten der Arbeit zwischen Mann und Frau sowie die nach Angemessenheit und Flexibilität bezogen auf die verschiedenen Lebensphasen.

Katja Barloschky, Geschäftsführerin der Bremer Arbeit GmbH, blickt auf die Arbeitsgesellschaft von heute in vier Schritten: Sie stellt den Wandel der Arbeit dar (»Schöne neue Welt der Arbeit«) und beschreibt hier insbesondere das Phänomen der Beschleunigung und seine Folgen. Sie zieht das Zwischenfazit, dass der Beschleunigungswahn das Versprechen der Moderne auf Selbstbestimmung untergräbt und die Menschen krank macht. Mit »Ökonomie der Erpressung« bezeichnet sie ihre Kernthese, dass in Deutschland zunehmende soziale Ungleichheit, die in tatsächlicher und gefühlter neuer Unsicherheit mündet, die Fundamente der Demokratie schwächt. Vielfältige Blockaden der Modernisierung: überkommene Leitbilder, Misstrauenskultur, die Individualisierung gesellschaftlicher Probleme und die geschlechtsspezifische Segregation des Arbeitsmarktes werden zunehmend zum Bremsfaktor für die Entwicklung der Produktivkräfte und die gesellschaftliche und wirtschaftliche Modernisierung.

Sie konstatiert: »Wir verschlafen den Wandel der Arbeit, rauben uns im Beschleunigungswahn den menschlichen Atem, sägen den sozialen und öko-

Einleitung

logischen Ast ab, auf dem wir sitzen, und blockieren die gesellschaftliche und globale Modernisierung«. Es werde Zeit, wieder und weiter über Alternativen nachzudenken.

André Holtrup vom Institut Arbeit und Wirtschaft (IAW) und *Helmut Spitzley,* Professor für Arbeitswissenschaft an der Universität Bremen und Leiter des Bereichs Regulation von Arbeit am IAW, fordern eine Vollbeschäftigung neuen Typs – eine »kurze Vollzeit für alle« als Leitbild einer neuen Politik der Arbeit. Auch sie stellen die Frage, ob Wirtschaftswachstum die Arbeitslosigkeit besiegen kann, und kommen zu dem Ergebnis: »Zur Überwindung der Massenarbeitslosigkeit allein auf Wirtschaftswachstum zu setzen, wäre nichts anderes als einer Fata Morgana nachzujagen.« Ihr Gedankenexperiment der kurzen Vollzeit für alle errechnet eine durchschnittliche Wochenarbeitszeit von ca. 30 Stunden. Auf dieser Basis würde allen Männern und Frauen ein gleicher Zugang zur gesellschaftlich vorhandenen Arbeit ermöglicht. Im letzten Teil ihres Artikels gehen sie auf die Elemente einer neuen Politik der Arbeit ein, einer Politik des Arbeit-fair-Teilens, in der eine neue innovative Tarifpolitik eine wichtige Rolle spielt.

Sie kommen zu dem Schluss, dass die Begrenzung der individuellen Arbeitszeit nicht nur jedem/r einen fairen Zugang zum Arbeitsmarkt ermöglichen, sondern auch einen neuen Zeitwohlstand schaffen würde, über den jede/r frei verfügen und den er/sie für familiäre Ziele, für zivilgesellschaftliches Engagement und vieles andere einsetzen könnte.

»Der wahre Reichtum einer Gesellschaft ist die disposable time«, das heißt die selbstbestimmte freie Zeit, über die die Menschen verfügen, sagt Karl Marx (und das jüngste Parteiprogramm der SPD). Gemessen daran sind wir in Deutschland, obwohl wir in Geldquanten betrachtet zu den reichsten Nationen der Welt zählen, nach wie vor bzw. sogar wieder mehr als noch vor einigen Jahren arm: Wenn wir auch Millionen Arbeitslose haben, die über viel zu viel freie Zeit verfügen (die man allerdings schwerlich selbstbestimmt nennen kann), so verfügt der oder die durchschnittliche Vollzeitbeschäftigte hierzulande mit inzwischen 41,1 Stunden tatsächlicher Arbeitszeit, die sich mit Wegezeiten leicht auf 48 Stunden pro Woche summieren können, und der für die eigene Reproduktion notwendigen Haus-, Konsum-, Bürokratie- und Reparaturarbeit, bei Menschen mit Kindern oder pflegebedürftigen Angehörigen noch der entsprechenden Sorgearbeit, nur noch über sehr wenig selbstbestimmte freie Zeit. Wir haben einen enormen Reichtum an Gütern aufgehäuft, leben im relativen materiellen Wohlstand, verfügen aber nicht über den genauso wichtigen Zeitwohlstand, um diesen materiellen Wohlstand genießen, unsere Fähigkeiten entwickeln und unsere sozialen Beziehungen pflegen zu können. Wir sind arm an Zeit. »Hab' keine Zeit«, »bin im Stress« sind geflügelte Worte, die diese Armut unserer Gesellschaft zum Ausdruck bringen. Dagegen setzt die ökonomisch wohlfundierte Utopie einer kurzen Vollzeit von 30 Stunden, perspektivisch die Halbtagsgesellschaft mit maximal 20 Stunden für alle, das schöne Gegenbild einer Gesellschaft, in der der Reichtum jeder/s Einzelnen an Zeit und sozialen Beziehungen die Bedingung der Möglichkeit des Reichtums aller ist.

Die Devise heißt Umsteuern, von unserer industrieökonomisch geprägten Wachstumsgesellschaft zu einer nachhaltigen Gesellschaft, in der Ökonomie, Ökologie und Soziales zusammenpassen. Eine radikale und konsequente Arbeitszeitverkürzung wird uns den Weg zeigen.

Rudolf Hickel
Kürzer arbeiten – besser für die Volkswirtschaft
Gesamtwirtschaftliche Gründe für Arbeitszeitverkürzung

1. Vom epochalen Einstieg in die tariflich vereinbarte 35-Stunden-Woche 1984 zur Verbetrieblichung der Arbeitszeitpolitik

Zum heutigen Stand der Kontroverse

Nach einer langen und intensiv geführten ökonomischen Debatte erfolgte 1984 erstmals der epochale Einstieg in die 35-Stunden-Woche in der Metall- und Elektroindustrie im Rahmen des Tarifvertrags.[1] Zur Durchsetzung war allerdings ein lang anhaltender Streik erforderlich. Dies zeigt, wie bereits damals die Interessengegensätze zwischen den Tarifparteien die Entscheidung bestimmten. Die Sonne im IG Metall-Logo für diese Kampagne sollte gegen die gezielten, düsteren Spekulationen vom Absturz der Wirtschaft infolge reduzierter Arbeitszeiten in den Betrieben eine optimistische Aufbruchstimmung signalisieren. Der gegen harte Widerstände durchgesetzte Einstieg in eine neue Arbeitszeitpolitik fand mit drei Zielen eine breite Akzeptanz: (1) Verhinderung wachsender Arbeitslosigkeit, die ohne die Arbeitszeitverkürzung wegen der schneller als das Wirtschaftswachstum zunehmenden Produktivität steigen würde; (2) Humanisierung der Arbeitsbedingungen und damit ein wichtiger Beitrag zu nach heutigem Sprachgebrauch »guter Arbeit« durch eine zeitliche Entlastung der Beschäftigten; (3) bessere Lebensverhältnisse durch den Zeitgewinn außerhalb des Arbeitsstresses. Nach dem sockelförmigen Anstieg der Arbeitslosigkeit über den gesamten Konjunkturzyklus hinweg rückte die Arbeitszeitverkürzung als Instrument gegen den Arbeitsplatzabbau ins Zentrum. In der Debatte spielte die Sorge über eine »technologische Arbeitslosigkeit« infolge eines über die Arbeitsplatzschaffung durch neue Produkte im Zuge des technologischen Wandels

---

[1] Darstellung der Positionen in: Arbeitsgruppe Alternative Wirtschaftspolitik 1984, Abschnitt 4.3.: »Mehr Arbeitsplätze für ein besseres Leben durch die 35-Stunden-Woche«.

weit hinausschießenden Abbaus von Beschäftigungsverhältnissen eine entscheidende Rolle.

Der beschäftigungspolitische Erfolg der in zwei Schritten vollzogenen Reduktion der Wochenarbeitszeit ist empirisch durchaus belegbar. Ohne diese Umverteilung des Arbeitsvolumens wäre wegen der im Trend höheren Produktivitätszuwächse gegenüber dem Wirtschaftswachstum die Arbeitslosigkeit erheblich höher ausgefallen. Allerdings wurden die möglichen Beschäftigungserfolge durch Arbeitszeitverkürzung infolge der parallel forcierten Flexibilisierung und Intensivierung des individuellen Arbeitseinsatzes deutlich verwässert.

Aus heutiger Sicht hat der gesellschaftliche Diskurs über eine ökonomisch, sozial und gesellschaftlich begründete Verkürzung der Arbeitszeit mit all ihren Instrumenten an Bedeutung eingebüßt. Dies belegen allgemeine Befragungen der Öffentlichkeit, aber auch Diskussionen in den Betrieben und Gewerkschaften. Für diese deutliche Zurückhaltung gegenüber der Fortsetzung einer auch wirksamen Arbeitszeitverkürzung gibt es Ernst zu nehmende Gründe. Folgende gegenläufige Trends lassen sich beobachten:

1. Wer heute eine Vollzeitstelle einnimmt, arbeitet nicht weniger, sondern zunehmend länger. Von 2002 bis 2007 stieg die durchschnittliche tatsächliche Wochenarbeitszeit bei Vollzeitarbeit um etwa 40 Minuten auf 40,3 Stunden.

2. Entscheidenden Einfluss auf die Verlängerung der Arbeitszeit bei Vollzeitstellen hat die sich verbreitende Ausweitung der Wochenarbeitszeit ohne Lohnausgleich. Fast jeder Dritte ist 42 Stunden und mehr pro Woche im Einsatz. Hinzu kommt der verstärkte Einsatz von Mehrarbeit.

3. Im Gegensatz zum Ziel der individuellen Entlastung durch Arbeitszeitverkürzung hat die Verdichtung und Intensivierung der Beschäftigung enorm zugenommen. Dazu gehört auch die Ausweitung der gesundheitsschädigenden Arbeit bei Nacht und in Wechselschichten.

4. Mit einer sich differenzierenden Flexibilisierung des individuellen Arbeitseinsatzes ist auf die Verkürzung vor allem der Wochenarbeitszeit reagiert worden. Der Arbeitseinsatz wird an dem Ziel ausgerichtet, die Produktionsanlagen rund um die Uhr zu nutzen. Individuell wird in diesen Betrieben durchaus bei vollem Lohnausgleich kürzer gearbeitet. Aber die Lage des Arbeitseinsatzes verteilt sich über die gesamte Woche, also einschließlich Samstags- und Sonntagsarbeit.

5. Gegenüber der generellen Regelung von kürzeren Wochenarbeitszeiten zeigt sich die Notwendigkeit, den Arbeitseinsatz der Beschäftigten vor allem nach der jeweiligen Tätigkeit differenziert zu gestalten. Der Arbeitsanfall etwa für Beschäftigte in Forschungs- und Entwicklungsabteilungen lässt sich

Kürzer arbeiten – besser für die Volkswirtschaft

nicht mechanisch in eine tariflich vorgegebene Wochenarbeitszeit zwängen, während unmittelbar in der Produktion eine tarifvertraglich geregelte, kürzere Arbeitszeit sinnvoll und umsetzbar ist und auch gefordert wird.

Eine völlig neue Herausforderung stellt die Anfang der 1980er Jahre unvorstellbare Ausweitung der Beschäftigung im Niedriglohnsektor mit prekären Arbeitsverhältnissen dar. Viele Unternehmen sind dazu übergegangen, sich durch niedrig bezahlte Beschäftigte mit prekären Arbeitszeiten von den Risiken des Einsatzes der Vollzeitarbeit zu entkoppeln. Dazu gehört auch die Verlagerung des Beschäftigungsrisikos auf Fremd- bzw. Leiharbeitsfirmen, die im Zuge der schrittweisen Deregulierungen in den letzten Jahren deutlich zugenommen hat und künftig – wenn nicht Gegenmaßnahmen ergriffen werden – schnell zunehmen wird. Deshalb muss bei der Analyse der Entwicklung der Arbeitszeit die Spaltung zwischen tariflich *normal regulierter* Arbeitszeit und *atypischer, prekärer* Arbeitszeit vor allem im Niedriglohnsektor berücksichtigt werden. Zur Durchsetzung humaner Arbeitszeitbedingungen stellt sich die doppelte Aufgabe: Vorrangig geht es um den Abbau prekärer Arbeitszeiten, um dann die Reduzierung der Vollarbeitszeit zur forcieren. Aus Gründen der Beschäftigungspolitik, der Humanisierung der Arbeitsbedingungen sowie der Verbesserung der Lebensverhältnisse durch mehr Zeit außerhalb der Erwerbsarbeit lohnt es sich, die Debatte um die Verkürzung der Arbeitszeit wieder aufzunehmen. Dabei müssen die (negativen) Trends, die Erfahrungen sowie die Spaltung des Arbeitsmarktes berücksichtigt werden.

Kostengetriebene Verbetrieblichung der Arbeitszeit

Grundsätzlich sind die Unternehmen zusammen mit ihren Verbänden ihrer programmatischen Skepsis, ja Ablehnung der tariflich geregelten Wochenarbeitszeit von Anfang an treu geblieben. Im Laufe der Jahre hat sich gegenüber der reinen Oppositionshaltung der Einsatz für eine betriebsbezogene Verlängerung der Wochenarbeitszeit ohne Lohnausgleich herauskristallisiert. Um der Konkurrenz vor allem aus den Billiglohnländern Paroli bieten zu können, sollen die Lohnkosten pro Stunde gesenkt werden. Allerdings werden bei dieser Strategie der Stärkung der Wettbewerbsfähigkeit der Preis der wachsenden Belastung der Beschäftigten und deren deshalb sinkende Motivation nicht berücksichtigt. Immer mehr Unternehmen versuchen, der betrieblichen Interessenvertretung und deren Gewerkschaften ein Tauschgeschäft zu oktroyieren: Durch längere Arbeitszeiten ohne Lohnausgleich werde eine ansonsten nicht vermeidbare Schließung des Betriebs, vor allem durch die Verlagerung ins kostengünstigere Ausland, verhindert. Um die Flexibilisierung der Arbeitszeiten auch betriebsnah durchsetzen zu können, wird die Regelung im Rahmen des flächendeckenden Tarifvertrags abgelehnt. Im Zentrum steht die Verbetrieblichung der Arbeitszeitpolitik. Sie dient dem Ziel, ohne tarifpolitische Zwänge in den einzelnen Unternehmen die Wochenarbeitszeit ohne Lohnausgleich über das tarifvertraglich Vereinbarte hinaus auszuweiten. Diese betriebsbezogene Flexibilisierung der Arbeitszeit zielt somit auf die Demontage des Tarifvertragssystems, mit der auch die Gewerkschaften um ihren Einfluss gebracht werden sollen.

Dabei stützten sich die Unternehmen und ihre Verbände auf einen ordnungspolitischen Paradigmenwechsel: Vorrang hat heute der auf die Entfesselung des Marktwettbewerbs setzende Neoliberalismus. In der Sprache der vorherrschenden Wirtschaftswissenschaft wird der Schwur auf sich selbst regulierende Märkte als Neoklassik tituliert. Die neoliberale Wende in der Arbeitszeitpolitik zielt auf eine vorrangig kurzfristig ausgerichtete Kostensenkung in den einzelnen Betrieben. Anstelle einer generellen Regelung im Rahmen eines verbindlichen Tarifvertrags wird für eine betriebsnahe Festlegung plädiert. Diese Verbetrieblichung einer in der Tendenz steigenden Wochenarbeitszeit ohne Lohnausgleich wird maßgeblich durch die neoklassische Beratungswissenschaft forciert. Die auf die einzelnen Betriebe bezogene Arbeitszeitpolitik blendet die gesamtwirtschaftlichen Zusammenhänge aus. Wird in vielen Unternehmen die Wochenarbeitszeit ohne Lohnausgleich verlängert, verschärft sich einerseits die Kostensenkungskonkurrenz, die für das einzelne Unternehmen auch zu Belastungen führen kann. Andererseits wird auf Neueinstellungen verzichtet, Entlassungen werden vorgenommen und die Kaufkraft der nicht (mehr) Beschäftigten sinkt.

Die Ausblendung gesamtwirtschaftlicher Rückwirkungen zeigt sich auch am Beispiel der Verlängerung des Renteneintrittalters auf 67 Jahre. Unmittelbaren Entlastungen in der Kasse der Gesetzlichen Rentenversicherung (GRV) stehen Einkommensverluste derjenigen gegenüber, die nicht bis 67 arbeiten können und daher auf Rentenansprüche verzichten müssen. Schließlich geht durch die Einschränkung der Rentenzahlungen auch Kaufkraft als Basis der konsumtiven Nachfrage verloren.

Dies zeigt: Die einzelwirtschaftliche Rationalität wirkt gesamtwirtschaftlich belastend, ja irrational. Die Falle zwischen einzel- und gesamtwirtschaftlicher Rationalität ist unübersehbar. Was dem Unternehmer, allerdings auch nur kurzfristig, nützt, belastet die von Arbeitslosigkeit Betroffenen. Am Ende kommen durch steigende Arbeitslosigkeit und den sich verschärfenden Wettbewerb um sinkende Stundenlöhne sowie vor allem wegen der Belastungen der Beschäftigten, die länger bei gleichem Lohn arbeiten müssen, Kosten auf den Staat, die Sozialversicherungsträger, aber auch die einzelwirtschaftlichen Akteure zu.

Kürzer arbeiten – besser für die Volkswirtschaft

Die Kritiker einer nachhaltigen Politik kürzerer Arbeitszeiten sehen sich durch den letzten Aufschwung in Deutschland bestätigt. Von den Befürwortern betrieblich flexibilisierter Arbeitszeit wird auf den massiven Zuwachs an Erwerbstätigen und damit den Rückgang der registrierten Arbeitslosigkeit ab dem Herbst 2005 hingewiesen. Das Instrument der Arbeitszeitverkürzung sei historisch überholt. Bei dieser Abwehr gegen kürzere Arbeitszeiten wird jedoch eine entscheidende Entwicklung der letzten Jahre übersehen. Politisch forciert durch die Einführung des Arbeitslosengeldes II (Hartz IV), das mit dem Zwang, jeden Job annehmen zu müssen, verbunden worden ist, boomen am Arbeitsmarkt die prekären Beschäftigungsverhältnisse mit Armutslöhnen. Typischerweise liegen bei vielen dieser Beschäftigungsverhältnisse die Arbeitszeiten weit unter denen, die tariflich für Vollzeitbeschäftigte vorgesehen sind. Was sich durchsetzt, sind nicht tarifpolitisch gewollte, sondern prekäre Arbeitszeiten, die zusammen mit einem zu niedrigen Stundenlohn nicht zur Existenzsicherung ausreichen.

Diese Art von Jobwunder ist das Ergebnis der Behauptung, egal, wie prekär die Arbeit, sei sie immer besser als Arbeitslosigkeit. Mit dieser Formel wird jetzt die tarifliche Arbeitszeitverkürzung für das Normalarbeitsverhältnis abzuwehren versucht.

Gewerkschaften im aktuellen Abwehrkampf

Bei den Gewerkschaften sowie den Teilen von Politik und Wissenschaft, die sich massiv für die tariflich vereinbarte Einführung der 35-Stunden-Woche eingesetzt hatten, hat sich die Bewertung dieses beschäftigungspolitischen Instruments deutlich verändert. Der frühere Enthusiasmus ist eher in skeptischen Pragmatismus umgeschlagen. Die Gewerkschaften befinden sich in einer Phase der Neubesinnung durch die Verarbeitung der kritischen Erfahrungen und Trends. Dazu gehört auch, dass die Unternehmen die betrieblichen Interessenvertretungen und deren Gewerkschaften massiv unter Druck setzen, längerer Wochenarbeitszeit zur Vermeidung von Entlassungen, ja von Betriebsschließungen zuzustimmen. Dabei gehören die »beschäftigungssichernden Tarifverträge« (von denen ca. 2/3 mit Arbeitszeitverlängerung und 1/3 mit Arbeitszeitverkürzung arbeiten), mit denen zur Sanierung von durch Insolvenz bedrohten Unternehmen beigetragen wird, zum festen Repertoire nicht nur in der Metall- und Elektroindustrie. Unternehmen wollen jedoch diese an strenge Kriterien gebundene Ausnahme zur Regel erheben.

Die bei der Neubesinnung unbedingt zu berücksichtigenden kritischen Erfahrungen konzentrierten sich auf fünf Bereiche: *Erstens* hat es einen vollen Lohnausgleich nie gegeben. Die Erwerbseinkommen sind nicht in dem Ausmaß, in dem die Arbeitszeitverkürzung allein zu einem geringeren Monatseinkommen führt, erhöht worden. Hier haben sich die Unternehmen mit einer Teilfinanzierung der Arbeitszeitverkürzung durch die Beschäftigten durchgesetzt. Der gesamte tarifpolitisch definierte Spielraum ist zum Teil nicht für kassenwirksame Lohnerhöhungen, sondern zum Ausgleich der unternehmerischen Kosten für die Arbeitszeitverkürzung genutzt worden. *Zweitens* ist das Beschäftigungspotenzial, das durch die Arbeitszeitverkürzung entstanden ist, viel zu wenig zu Neueinstellungen genutzt worden. Unternehmen haben mit der Rationalisierung und Effektivierung der Produktionsprozesse, aber auch der Art der Umsetzung der Arbeitszeitverkürzung das Beschäftigungsziel konterkariert. Dabei hat vor allem über die Einrichtung von Wechselschichten der Trend zu ungesunden Arbeitszeiten zugenommen. Zugleich ist in den letzten Jahren auf den Ausbau des Niedriglohnsektors mit prekären Arbeitszeiten ausgewichen worden. *Drittens* haben die Unternehmen die Arbeitszeit zur vollen Auslastung der Produktionskapazitäten rund um die Uhr flexibilisiert. Mit der Flexibilisierung des Arbeitseinsatzes auch am Wochenende sind Kostensenkungen gegenüber der individuell kürzeren Arbeitszeit durchgesetzt worden. *Viertens* ist die tariflich fixierte niedrigere Arbeitszeit zur Intensivierung der Arbeit derjenigen, die im Betrieb eingesetzt werden, missbraucht worden. *Fünftens* sind die Ausnahmen für Beschäftigungsgruppen in der Geschäftsführung und in strategischen Bereichen der Unternehmen gegenüber der allgemein geltenden Wochenarbeitszeit über die Vorgaben im Tarifvertrag hinaus ausgeweitet worden.

Diese Erfahrungen müssen Ernst genommen werden. Bei künftigen tariflichen Abschlüssen zur Verkürzung der Arbeitszeit sind der Lohnausgleich, die Beschäftigungseffekte sowie die Tendenz zur Verdichtung der Arbeit mit zu berücksichtigen und flankierend zu regulieren.

Verstärkt wird die heute eher zurückhaltende Bewertung der Arbeitszeitverkürzung in den Betrieben und den Gewerkschaften durch die massive Benachteiligung der Arbeitseinkommen gegenüber den expandierenden Gewinnen. Denn der für die Verteilung des Volkseinkommens wichtige Anteil der Einkommen aus unselbständiger Arbeit, die so genannte Lohnquote, ist seit 2003 auf den niedrigsten Stand im Jahr 2007 zurückgefallen. Vergleichsweise niedrige Zuwächse bei den Effektivlöhnen sowie belastende Einflüsse durch Sozialversicherungsabgaben und Lohnsteuer haben sogar zu einem Rückgang der Nettoreallöhne in den letzten Jahren geführt. Zum Abbau dieser Verteilungsverluste zu Lasten der Beschäftigten steht deshalb die kaufkraftwirksame Erhöhung von Tariflöhnen auf Platz eins der tarifpolitischen Agenda. Da der volle Lohnausgleich nicht durchsetzbar gewesen sei, wird das Gesamtprojekt Arbeitszeitverkürzung zugunsten einer in den Portemonnaies spürbaren deutlichen Lohnerhöhung in den Hintergrund ge-

Kürzer arbeiten – besser für die Volkswirtschaft

drängt. Schließlich wird das Engagement für Arbeitszeitverkürzung durch die aktuelle Spaltung des Arbeitsmarkts in einen boomenden Niedriglohnsektor und bezogen auf die Gesamtbeschäftigung rückläufigen Anteil des Normalarbeitsverhältnisses schwer belastet.

Nach den bisherigen Erfahrungen sind die Zweifel an den mit der Arbeitszeitverkürzung verbundenen Verbesserungen in der Arbeitswelt verständlich. Dabei dürfen jedoch die positiven Wirkungen trotz vieler Widerstände nicht übersehen werden. Hier sollen nun die beschäftigungspolitischen Erfolge, aber auch die die Beschäftigungsverhältnisse verbessernden, regulierten Arbeitszeitmodelle, die auch das nötige Ausmaß an Flexibilisierung berücksichtigen, im Mittelpunkt stehen.

Die Politik der Arbeitszeitverkürzung sollte konzeptionell wie praktisch unter Berücksichtigung veränderter Bedingungen wieder reaktiviert werden. Hierin liegt eine große Chance der von Arbeitsplätzen Abhängigen, an den Vorteilen des technischen Fortschritts zu partizipieren. Erforderlich ist eine umfassende Aufklärung über die Notwendigkeit, die Instrumente, aber auch die Restriktionen und Widerstände, die mit der Verkürzung der Wochenarbeitszeit verbunden sind. Die 1984 mit dem Einstieg in die 35-Stunden-Woche verbundene und oben beschriebene Zieltriade hat für die Zukunft ihre Gültigkeit nicht verloren: Beschäftigungssicherung, Humanisierung der Arbeit und mehr gestaltbare Zeit außerhalb der Erwerbsarbeit. Bei einer Neubesinnung auf die Verkürzung der Wochenarbeitszeit sind die nun schon über 20 Jahre gewonnenen Erfahrungen und Fehlentwicklungen zu berücksichtigen.

Bewältigt werden müssen insbesondere diese beiden Herausforderungen:

1. Selbst in Branchen mit einer tarifvertraglich vereinbarten Wochenarbeitszeit von 35 Stunden wird auch in vielen Betrieben der Metall- und Elektroindustrie von dieser Norm nach oben abgewichen. In Ostdeutschland gibt es nach der 2003 gescheiterten Einführung der 35-Stunden-Woche enormen Nachholbedarf. Auch muss in vielen anderen Branchen erst noch diese Norm in Tarifverträgen vereinbart werden. Die Durchsetzung dieser Wochenarbeitszeitnorm ist die Voraussetzung für weiterführende Schritte zur Arbeitszeitverkürzung.

2. Mit dem Ausbau des Niedriglohnsektors wird unternehmenspolitisch auch die tariflich geregelte Arbeitszeit unterlaufen. Daher muss der Abbau prekärer Beschäftigungsverhältnisse in die allgemeine Strategie reguliert reduzierter Arbeitszeit einbezogen werden. Erforderlich sind Mindestlöhne, bei denen die Stundenlöhne zusammen mit den Arbeitszeiten zu existenzsichernden Einkommen führen, die Wiedereinführung der 15 Stunden

Obergrenze für 400€-Jobs und die Begrenzung von Leiharbeit bei Durchsetzung des Grundsatzes »Gleicher Lohn für gleiche Arbeit«.

2 Gesamtwirtschaftliche Begründung einer nachhaltigen Verkürzung der Arbeitszeit

Arbeitszeitverkürzung gegen verteilungsbedingte und technologische Arbeitslosigkeit

Es gibt viele Instrumente zur Verkürzung der individuellen Arbeitszeit. Dazu gehört der spätere Eintritt in die Erwerbstätigkeit, die Senkung des Eintrittsalters in die Rente, individuell gewollte Teilzeitarbeit, Verlängerung der Urlaubszeit, längere Auszeiten auch zur Qualifizierung (Sabbatical). Wegen der durchschlagenden, recht schnellen Wirkung steht die Verkürzung der Wochenarbeitszeit im Mittelpunkt. Denn durch eine kürzere Wochenarbeitszeit werden die Unternehmen veranlasst, ihre Personalplanung, beispielsweise durch die Einführung neuer Schichten, zügig anzupassen. Zur ganzheitlichen Bewertung dieser Arbeitszeitpolitik ist die bereits dargestellte Zieltriade zu berücksichtigen. Nicht nur die beschäftigungsbezogenen und die gesamtwirtschaftlichen Folgen sollten berücksichtigt werden. Die Arbeitszeitverkürzung muss wieder ein zentrales Projekt einer modernen Gesellschaft werden. Sie zielt auf eine Zivilisierung des Kapitalismus. Gute Arbeitsbedingungen einerseits sowie der Zugewinn an Lebensqualität durch mehr Zeit außerhalb der Erwerbstätigkeit andererseits verstärken die Chancen der individuellen Entfaltung in einer die Abhängigkeiten vom unternehmerischen Arbeitsangebot abbauenden, humanen Gesellschaft.

In der nachfolgenden Argumentation stehen die gesamtwirtschaftlichen, vor allem beschäftigungsbezogenen Aspekte im Vordergrund. Die erkenntnisleitende Frage lautet: Ist insbesondere die Verkürzung der Wochenarbeitszeit ein begründbares und machbares Instrument zur Bewältigung der Arbeitslosigkeit in einer Gesamtwirtschaft mit rasantem technologischem Wandel und einer wegen der Einkommensverteilung schwachen Entwicklung der Binnenwirtschaft? Damit rückt die schon Ende der 1920er Jahre intensiv diskutierte »technologische Arbeitslosigkeit«, die allerdings theoretisch wie empirisch sehr umstritten ist, in den Vordergrund (Hickel 1985: Kap. 5; Hickel 1987). Hierbei geht es um zwei miteinander zusammenhängende Herausforderungen: Mit der technologischen Arbeitslosigkeit wird darauf hingewiesen, dass der durch den Einsatz von Produkt- und Prozessinnovationen mögliche Abbau von Arbeitsplätzen größer ist als die durch den Einsatz neuer Technologien entstehenden neuen Beschäftigungsver-

Kürzer arbeiten – besser für die Volkswirtschaft

hältnisse. Dazu ein Beispiel: Durch die Diffusion von PCs werden mehr Beschäftigungsverhältnisse abgebaut als über deren Produktion samt Zulieferung entstehen. Klar ist, dass dieses Beispiel für die Bewertung der beschäftigungsspezifischen Folgen des technischen Fortschritts nicht einfach verallgemeinert werden darf. Über die Gesamtwirkung von Produktion und Diffusion technologischer Innovationen hinaus muss geklärt werden, inwieweit genügend gesamtwirtschaftliche Nachfrage generiert wird. Damit kommt die ungleiche Verteilung der Einkommen auf Arbeit und Kapital ins Spiel. Seit 2003 ist der Anteil der Einkommen aus unselbständiger Arbeit am Bruttoinlandsprodukt von 71,8% auf 64,6% im Jahr 2007 zurückgefallen. Spiegelbildlich stieg der Anteil der Einkommen aus Unternehmertätigkeit und Vermögen. Für die Höhe des (realen) verfügbaren Einkommens, das über die Kaufkraft entscheidet, ist die Nettoreallohnposition entscheidend. In den letzten Jahren sind die Zuwächse der effektiven Löhne nach Abzug der Einkommensteuer sowie der Sozialversicherungsbeiträge rückläufig. Die realen Kaufkraftverluste fallen wegen der Geldentwertung noch höher aus. Die dadurch erzwungene Konsumzurückhaltung schwächt die Binnenwirtschaft. Aus dem Zusammenspiel von technologischer Arbeitslosigkeit und lahmender Binnenwirtschaft folgt beschäftigungspolitisch eine doppelte Antwort: Arbeitszeitverkürzung + Stärkung der Netto-Arbeitseinkommen, um gegenüber dem Anstieg der Arbeitsproduktivität in ausreichendem Maße auf die Binnenwirtschaft bezogenes Wachstum zu generieren. Der umstrittene Lohnausgleich bei der Verkürzung der Wochenarbeitszeit zur Sicherung des Monatseinkommens spielt hier eine wichtige Rolle.

Wassily Leontief und John Maynard Keynes: Visionen zur Arbeitszeitverkürzung

Der Träger des Nobelpreises für Ökonomie von 1973, Wassily Leontief, hat sich auf der Basis der durch ihn entwickelten Input-Output-Analyse, die die strukturelle Verflechtung der Wirtschaft sowie deren Veränderungen beschreibt, intensiv mit den beschäftigungspolitischen Folgen des technischen Wandels beschäftigt. In seinen empirischen Studien vor allem zu den USA wies er auf eine sich mit der Automatisierung ausbreitende technologische Arbeitslosigkeit hin (Leontief/Duchin 1986). Er blieb jedoch bei dieser Diagnose nicht stehen. Seine Untersuchungen konzentrierten sich konsequent auf die Frage, wie die technologische Arbeitslosigkeit bewältigt werden kann. Er betonte, dass der beschäftigungsbezogene Fluch des technischen Wandels in ökonomisch fundierten, sozialen Fortschritt für die Beschäftigten transformiert werden kann. Zentrales Instrument ist die Arbeitszeitverkürzung. In einem Interview in der Zeitschrift der Internationalen Arbeitsorganisation (IAO) plädierte Leontief vorrangig für eine Verkürzung der notwendigen Arbeitszeit »auf drei bis vier Stunden täglich und drei oder vier Tage in der Woche neben längerem Urlaub und früherem Ruhestand« (Leontief 1983). Die Vorzüge eines beschäftigungspolitisch beherrschten technischen Fortschritts machte Wassily Leontief mit der Parabel von einer Farmerfamilie in den USA deutlich: Durch einsatzfähige neue Maschinen lässt sich die bisherige Arbeitszeit der Mitglieder der Farmerfamilie reduzieren. Der Beitrag zur Produktion durch das eingesetzte Kapital nimmt gegenüber der Arbeit zu (Substitution von Arbeit durch Kapital). Der Wohlstandszugewinn zeigt sich in der ausgeweiteten Zeit außerhalb des Arbeitseinsatzes auf der Farm. Bei Annahme eines unveränderten Ertrags aus der Weizenernte führt der Zugewinn an Freizeit bei der Farmerfamilie nicht zu Einkommensverlusten. Diese Parabel beschreibt die Sehnsucht, ohne Einkommensverluste weniger (abhängig) arbeiten zu müssen. Die Übertragung dieser Parabel auf die Gesamtwirtschaft macht den Unterschied deutlich. Die Spaltung zwischen Arbeit und Kapital entscheidet über die Verteilung der Einkommen. Von Unternehmen abhängige Beschäftigte stehen diesen als den Eigentümern der Produktionsmittel gegenüber. Um den technischen Wandel, wie bei der Farmerfamilie, in wohlstandssteigernden Fortschritt zu transformieren, bedarf es eines gestaltenden Staats zusammen mit handlungsfähigen Tarifvertragsparteien. Gesellschaftlich muss eine doppelte Aufgabe geleistet werden: Technologisch mögliche Innovationen verlangen eine Verkürzung der Arbeitszeit, während sich gleichzeitig die Einkommensverhältnisse so entwickeln müssen, dass die Mehrproduktion auch abgesetzt werden kann. Damit kommt dem Ausmaß des Lohnausgleichs bei der Arbeitszeitverkürzung eine bedeutende Rolle zu.

Die aus der Janusköpfigkeit des technischen Fortschritts herauslösbare Vision hat auch John Maynard Keynes in einem Aufsatz von 1930, also mitten in der Weltwirtschaftskrise, aufgegriffen. Der Essay ist mit dem perspektivischen Titel überschrieben: »Ökonomische Möglichkeiten für unsere Enkel« (Keynes 1972). Die Frage, wie die Ökonomie 100 Jahre später die technologischen Möglichkeiten zur Wohlfahrt genutzt haben wird, versucht er prognostisch zu beantworten. Allerdings fixiert er sich mit dem Jahr 2030 aus der Sicht von 1930 eher auf seine Urenkel als die Enkel. Das Entfaltungspotenzial des technischen Fortschritts demonstriert Keynes mit einem historischen Rückblick. Seit dem 16. Jahrhundert ist ein gewaltiger Anstieg des Lebensstandards trotz der Bevölkerungsvermehrung in Europa und den USA durch die Kapitalakkumulation und den technischen Fortschritt erfolgt. Auf der Basis dieser historischen Erkenntnisse hält er in seinem Beitrag von 1930 fortgesetzte Produktivitätssteigerungen für die kommenden

Kürzer arbeiten – besser für die Volkswirtschaft

100 Jahre für möglich. Keynes geht von Produktivitätsgewinnen aus, die dazu führen, dass noch zu seinen Lebenszeiten ein Viertel des Arbeitseinsatzes ausreichen könnte, um die gesamtwirtschaftliche Produktion zu erstellen. Daraus erwächst jedoch die Gefahr der hier bereits beschriebenen technologischen Arbeitslosigkeit. Nach seiner Meinung handelt es sich jedoch nur um ein Anpassungsproblem. In 100 Jahren, also bis 2030, hält er »die ökonomischen Probleme« wegen der Steigerung des Wohlstands für lösbar. Um die technologische Arbeitslosigkeit zu vermeiden, pocht Keynes – ebenso wie Leontief – auf Arbeitszeitverkürzung. Er hält es 100 Jahre nach seinen Überlegungen für möglich, dass drei Stunden Arbeit am Tag bzw. 15 Stunden pro Woche ausreichen, um genügend Arbeitsplätze zu sichern und am Wohlstand teilzunehmen. Dabei hat er sicherlich den Lohnausgleich, der für die konsumtive Nachfrage wichtig ist, eingeschlossen. Gemessen an der heutigen durchschnittlichen Arbeitszeit in der Wirtschaft ist dieses Ziel jedoch noch lange nicht erreicht. Wichtig ist das Plädoyer für Arbeitszeitverkürzung, um anstatt technologischer Arbeitslosigkeit die Effizienzgewinne zum »Wohlstand für Alle« zu nutzen. Über die Gründe, warum dieser Beitrag in der den Ton angebenden Wirtschaftswissenschaft praktisch keine Rolle spielt, darf spekuliert werden. Jedenfalls stehen diese Aussagen im Widerspruch zu dem häufig zitierten Hinweis, Keynes habe sich lediglich für eine auf den Konjunkturzyklus bezogene Theorie der kurzen Frist interessiert und sich daher nicht um langfristige Entwicklungen gekümmert. Das Aufgreifen des geflügelten Worts »in the long run we are all dead« (»in der langen Frist sind wir alle tot«), das er bereits 1923 in einer Publikation veröffentlicht hatte, dient wohl auch dem Zweck, von der Notwendigkeit der Arbeitszeitverkürzung in einer modernen Langfristökonomie abzulenken (Keynes 1923).

Trends zur Entwicklung der Produktion, der Produktivität und Arbeitszeitverkürzung

Gesamtwirtschaftlich lässt sich die Notwendigkeit der Arbeitszeitverkürzung aus den relevanten makroökonomischen Eckwerten zur Bestimmung der Nachfrage nach Arbeitskräften ableiten. Wirtschaftswachstum, Veränderung der Produktivität sowie der Arbeitsstunden bestimmen die gesamtwirtschaftliche Nachfrage nach Erwerbstätigen.[2] Über folgende Schritte lässt sich der Bedarf an Erwerbstätigen ermitteln: Die Nachfrage nach Arbeitsstunden (Arbeitsvolumen) wird durch die Entwicklung des Wirtschaftswachstums

---

[2] $w_{ET} = w_y - w_{prod.} - w_{AZ}$ (w = Wachstum, Y = reales Bruttoinlandsprodukt, Prod. = Arbeitsstundenproduktivität, AZ = Arbeitszeit)

und die Veränderung der Produktivität, also den Beitrag einer Arbeitsstunde zur Produktion, bestimmt. Dazu ein Beispiel: Wächst die Wirtschaft real um 2% und die Arbeitsstundenproduktivität im selben Ausmaß, dann müssen die Unternehmen keine zusätzlichen Arbeitsstunden nachfragen. Diese Konstellation wird als jobloses Wachstum (»jobless growth«) bezeichnet. Die Steigerung der Wertschöpfung wird bei unverändertem Beschäftigungsstand durch die wachsende Produktivität erwirtschaftet. Nimmt jedoch die Produktivität mit 2,5% mehr zu als die gesamtwirtschaftliche Produktion mit 2%, dann werden die Unternehmer die Nachfrage nach Arbeitsstunden um 0,5% reduzieren. Diese Auseinanderentwicklung wird als die Produktivitäts-Produktionsschere bezeichnet.

Wie die Abbildung 1 zeigt, hat sich bis Anfang der 1990er Jahre die Produktivität deutlich schneller als die Produktion entwickelt. Dieses Phänomen hat eine wesentliche Rolle beim tariflichen Einstieg in die 35-Stunden-Woche 1984 gespielt. In den 1970er Jahren lag der Zuwachs der Produktivität mit knapp einem Prozentpunkt über dem Wirtschaftswachstum (Abbildung 2). Die Nachfrage nach Arbeitstunden konnte um knapp 1% zurückgeführt werden (Abbildung 3). Ob die schrumpfende Zahl an Arbeitsstunden auch zum Rückgang des Arbeitsvolumens führt, wird maßgeblich durch die Veränderung der Arbeitszeit beeinflusst. Denn die Veränderung des Arbeitsvolumens kann auf weniger Beschäftigung und/oder eine geringere Arbeitszeit aufgeteilt werden.[3] Das oben angeführte Beispiel lässt sich wie folgt zu Ende führen: Wächst die Wirtschaft real ebenso wie die Arbeitsstundenproduktivität um 2%, dann führt erst eine Arbeitszeitverkürzung um 1% zum Anstieg der Nachfrage nach Erwerbstätigen um denselben Prozentsatz. Über die Arbeitszeitverkürzung wird aus dem »jobless growth« ein Wirtschaftswachstum mit Jobzuwachs. Abbildung 1 zeigt, dass durch den Einstieg in die 35-Stunden-Woche der Rückgang des Arbeitsvolumens kaum zu Jobverlusten geführt hat. Der sich aus der Produktions-Produktivitätsschere ergebende Rückgang des Arbeitsvolumens ist wegen der Arbeitszeitverkürzung nicht auf einen ansonsten zu erwartenden Rückgang der Arbeitskräftenachfrage durchgeschlagen. Seit Mitte der 1990er Jahre scheint sich das beschriebene Entwicklungsbild leicht verändert zu haben. Das Wirtschaftswachstum liegt im Trend eher über der Zuwachsrate der Produktivität.[4] In dieser Phase haben sich das Wirtschaftswachstum sowie der Pro-

---

[3] a) $t = ET \times t/ET$; b) $w_t = w_{ET} + w_{AZ}$, (w = Wachstumsrate, t = Arbeitsvolumen, ET = Erwerbstätige, AZ Arbeitszeit (t/ET))

[4] In einer Veröffentlichung des Deutschen Instituts für Wirtschaftsforschung (DIW) ist darauf hingewiesen worden, dass nach dem Wiedervereinigungsboom im Trend

Kürzer arbeiten – besser für die Volkswirtschaft

Abbildung 1: Produktivitäts-Produktionsschere: Entwicklung des (realen) Bruttoinlandsprodukts (BIP), der Arbeitsstundenproduktivität (AP), des Arbeitsvolumens (AV), der Arbeitszeit (AZ), der Erwerbstätigen (ET)*
Westdeutschland (1960 = 100)

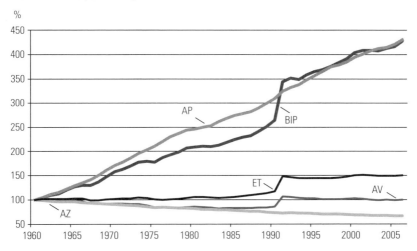

* Bearbeitung der Daten und der Abbildungen durch Jörg Melz
Quelle: Bundesamt für Statistik; eigene Berechnungen.

Abbildung 2: Durchschnittliche Steigerung von Bruttoinlandsprodukt, Arbeitsproduktivität und Arbeitsvolumen

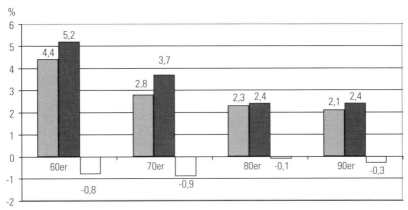

Abbildung 3: Arbeitsvolumenentwicklung im Dekadenvergleich

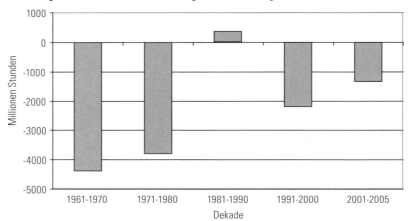

duktivitätszuwachs verlangsamt. So reduzierte sich gegenüber den 1970er Jahren mit -0,9% die durchschnittliche Rate des Rückgangs des Arbeitsvolumens in den 1990er Jahren auf nur noch -0,3% (vgl. Abbildung 2). Positive Beschäftigungseffekte durch eine nachhaltige Arbeitszeitverkürzung sind nicht erzeugt worden. Im Aufschwung 2006/2007 ist das Arbeitsvolumen sogar deutlich gestiegen (vgl. Tabelle 1). Da beispielsweise 2006 die Arbeitszeit nicht verändert wurde und diese nachfolgend kaum steigen wird, schlägt der Zuwachs beim Arbeitsvolumen auf die Neueinstellungen in der Wirtschaft durch. Die Aussagekraft am aktuellen Rand der Konjunktur ist jedoch recht gering. Da auch die Produktivität stark durch die konjunkturelle Veränderung des Auslastungsgrades des gegebenen Produktionspotenzials beeinflusst wird, gibt dieses Maß kaum Auskunft über den technologischen Wandel. Auch bei der längerfristigen Betrachtung der Zusammenhänge muss berücksichtigt werden, dass es sich um makroökonomische Aggregate handelt und die Produktivität auch durch den Strukturwandel der Wirtschaft beeinflusst wird. Daher ist auf dieser Grundlage eine stärkere Differenzierung der Analyse nach Branchen und Regionen (Desaggregation) dringend erforderlich. Zwischen den Branchen fallen die Zusammenhänge unterschiedlich aus. Branchen mit niedriger Produktivität (Dienstleistungssektor) ste-

---

die gesamtwirtschaftliche Produktivitätsentwicklung in Deutschland deutlich eingebrochen sei. Zwar wird deshalb eine »wachstumsorientierte Wirtschaftspolitik« gefordert. Jedoch müssen die unterschiedlichen Ursachen erst noch genauer bestimmt werden. Vgl. Erber/Fritsche 2008.

Kürzer arbeiten – besser für die Volkswirtschaft

Tabelle 1: Makroökonomische Determinanten der Entwicklung der Nachfrage nach Erwerbspersonen 2003; 2006-2008
(Veränderungen in vH gegenüber dem Vorjahr)

	2003	2006	2007	2008[1]	2009[1]
Bruttoinlandsprodukt in Preisen von 1991	-0,1	2,7	2,5	1,8	-0,2
Arbeitsproduktivität[2]	0,7	2,0	0,6	0,2	0,7
Arbeitsvolumen (kalendermonatlich)	-0,8	0,6	1,8	1,5	-0,5
Arbeitszeit	0,2	-0,1	0,4	-0,7	-0,1
Erwerbstätige (im Inland)	-1,0	0,7	1,7	1,3	-0,2

[1] Prognose [2] Preisbereinigtes Bruttoinlandsprodukt je Erwerbstätigenstunde (Stundenproduktivität), [3] Veränderung der arbeitstäglichen Arbeitszeit sowie der Arbeitstage

Quelle: Herbstgutachten 2008 der »Projektgruppe Gemeinschaftsdiagnose«

hen solchen mit starker Produktivitätsdynamik gegenüber. Die industrielle Produktion und hier insbesondere die Metall- und Elektroindustrie sind besonders stark durch die Produktivitäts-Produktionsschere geprägt. Dies erklärt auch, warum die 35-Stunden-Woche in der Metall- und Elektroindustrie seit 1984 tarifpolitisch forciert worden ist.

Das Fazit der bisherigen Überlegungen lautet: Im ökonomischen Kernbereich ist Deutschland nach wie vor ein Hochproduktivitätsland. Das wird auch so bleiben. Denn politisch und unternehmerisch sind die Weichen auf die Stärkung der Innovationsfähigkeit ausgerichtet. Dazu gehören Vernetzungen zwischen Wirtschaft und Wissenschaft. Auch sind die Tarifparteien dazu übergegangen, in ihren Verträgen die Qualifizierung der Beschäftigten nicht nur »on the job« voranzutreiben. Der Prozess der Einsparung menschlicher Arbeit wird sich ohne gezielte Arbeitszeitverkürzung durchaus der Prognose bis 2030 durch Keynes gemäß intensivieren. Gegenüber der zu erwartenden Konstellation gibt es eine unrealistische, eine nicht akzeptable und eine strategisch gewollte Option. Unrealistisch ist das Ziel, allein das durchschnittliche wirtschaftliche Wachstum so zu steigern, dass am Ende ein hoher Beschäftigungsstand gesichert werden kann. Dagegen sprechen auch ökologische Überlegungen. Nicht akzeptabel ist die Option, bei Konstanz der anderen Einflussgrößen die Arbeitsproduktivität massiv zu verlangsamen – etwa durch die Dreifachbesetzung im Lokführerstand bzw. insgesamt durch eine generelle Verhinderung von Rationalisierung. Die Gewerkschaften haben sich für den Kompromiss entschieden, sich nicht »maschinenstürmerisch« dem Trend des technologischen Wandels entgegenzusetzen. Vielmehr setzen die Gewerkschaften auf eine arbeitsplatzbezogene Gestaltung des technologischen Wandels – auch durch Rationalisierungsschutzabkommen. Somit bleibt zur Vermeidung der technologischen Arbeitslosigkeit die strategisch gestaltende Option. Das entscheidende Instrument ist eine umfassende Arbeitszeitverkürzung. Zusammengefasst lässt sich die Forderung nach einer tariflich vereinbarten Verkürzung insbesondere der Wochenarbeitszeit gesamtwirtschaftlich wie folgt begründen (Bontrup u.a. 2007):

- Aus der Entwicklung von Wirtschaftswachstum und der Arbeitsstundenproduktivität kann die im Zuge des technologischen Wandels ansonsten drohende Arbeitslosigkeit durch eine nachhaltige Politik der Arbeitszeitverkürzung vermieden werden.
- Die im Fall der Arbeitslosigkeit im Prinzip niedrigen Sozialeinkommen belasten die binnenwirtschaftliche Nachfrage im Bereich des privaten Konsums und am Ende auch durch steigende Kosten der Arbeitslosigkeit die öffentlichen Haushalte.
- Fiskalische bzw. gesellschaftliche Kosten einschließlich Produktionsverlusten, die mit der Arbeitslosigkeit auftreten würden, werden vermieden. Derzeit werden die direkten und indirekten Kosten der Arbeitslosigkeit auf 70 Mrd. € geschätzt. Ausfälle bei der Lohnsteuer und den Sozialversicherungsbeiträgen werden durch die der Arbeitslosigkeit entronnenen Beschäftigten verhindert.
- Mit verschiedenen Instrumenten der Arbeitszeitverkürzung kann dem Trend zunehmender ungesunder Arbeitszeiten entgegengetreten werden. Der Verkürzung der Lebensarbeitszeit kommt hier eine besondere Bedeutung zu. Denn die Zahl derjenigen, die wegen verminderter Erwerbsfähigkeit früher in den Ruhestand wechseln müssen, nimmt zu. Beschäftigte in Wechselschichten sowie in atypischen Beschäftigungsverhältnissen sind ebenfalls besonders betroffen. Von einer geordneten Arbeitszeitverkürzung profitieren die Unternehmen wegen der besseren Leistungsfähigkeit und Motivation. Gesamtwirtschaftlich liegen die Vorteile im Einsparen von ansonsten anfallenden Kosten im Gesundheitssystem.
- Um die Einkommensverhältnisse der Beschäftigten nicht zu verschlechtern, ist die individuelle Arbeitszeitverkürzung mit angemessenem Lohnausgleich zu verbinden. Beispielsweise würde ein kompletter Verzicht auf den Lohnausgleich im Ausmaß der Kürzung von Arbeitsstunden gesamtwirtschaftlich über Einkommensverluste zu konsumtiven Nachfrageausfällen führen.
- Arbeitszeitverkürzung einerseits und eine angemessene Beteiligung der Beschäftigten am Volkseinkommen andererseits sind die Voraussetzung dafür, dass die technologische Arbeitslosigkeit verhindert und zugleich ausreichend konsumtive Nachfrage gesichert wird.

Kürzer arbeiten – besser für die Volkswirtschaft

Auf betrieblicher Ebene dominiert die Kritik, durch Arbeitszeitverkürzungen mit Lohnausgleich würden insgesamt die Arbeitskosten deutlich steigen. Dieses Argument ist jedoch kurzsichtig und einseitig dazu. Die Reduzierung der Sicht auf das Kostenauge verstellt den Blick auf folgenden Zusammenhang:

- Ein wichtiges Instrument zur regulierten Arbeitszeitflexibilisierung sind die vielen Modelle zu Arbeitszeitkonten. Damit lassen sich Schwankungen bei den Auftragseingängen bewältigen. An Bedeutung haben die Jahresarbeitszeitkonten gewonnen. Allerdings müssen die sich daraus ergebenden Ansprüche im Fall der Insolvenz gesichert werden.
- Zu lange Arbeitszeiten bei zunehmend ungesunden Arbeitszeitlagen belasten auch die Unternehmen durch steigende Personalkosten. Krankheitsfälle nehmen etwa in Folge der höheren Belastungen im Wechselschichtbetrieb zu. Vernünftige Arbeitszeiten stärken die wirtschaftliche Kraft der Unternehmen.
- Vor allem im Zuge von Wochenarbeitszeitverkürzung gewinnen die Beschäftigten mehr Zeit für Weiterbildung wie überhaupt für politische Bildung. Auch davon profitieren am Ende die Unternehmen. Heute wird bereits in Tarifverträgen ein Zeitkorridor für betriebsbezogene Weiterbildung geschaffen.
- Insgesamt wirken sich verträgliche Arbeitszeiten positiv auf die Leistungsbereitschaft und Motivation der Beschäftigten aus. Durch Arbeitshetze wird eine qualitativ hochwertige Produktion in der Industrie und im Bereich der personenbezogenen Dienstleistungen behindert. Durch die mit der Arbeitszeit unmittelbar wachsenden Personalkosten werden am Ende die Unternehmen durch Effizienzgewinne belohnt.

Also, kurzfristigen Kostennachteilen stehen mittelfristig wirksame Vorteile gegenüber. Unternehmer müssen sich die nicht im Tarifvertrag erfassbare Motivation der Beschäftigten durch ein angenehmes Betriebsklima und humane Arbeitsbedingungen erkaufen. Dazu gehört gerade auch die Politik der Arbeitszeitverkürzung.

3. Arbeitszeitverkürzung + Abbau des Niedriglohnsektors: mehr Arbeitsplätze für ein besseres Leben

Die Arbeitszeitverkürzung muss weiterhin an vorrangiger Stelle der Agenda einer ökonomisch starken Gesellschaft stehen. Erst durch gesellschaftliche und tarifpolitische Regulierungen lässt sich der technische Fortschritt für mehr Vollzeitbeschäftigte und ein besseres Leben nutzen. Die Verteilung der Gewinne aus dem technischen Fortschritt durch kürzere Arbeitszeiten für die abhängig Beschäftigten stellt sich jedoch, wie dies die Parabel von der Substitution von Arbeit und Kapital in der Farmerfamilie nach Wassily Leontief zeigt, nicht automatisch ein. Im Interessenstreit ist es umso wichtiger, die gesamtwirtschaftlichen Wohlfahrtsgewinne sowie die einzelwirtschaftlichen Vorteile der Unternehmen durch motivierte und leistungsbereite Beschäftigte deutlich zu machen. Was ökonomisch vernünftig ist, muss jedoch gesetzlich und tarifpolitisch gesichert werden. Zur Gestaltung gehören die beiden Instrumente: eine gesetzlich gesicherte Arbeitszeitordnung mit klaren Höchstgrenzen für die individuelle Länge der Arbeitszeit sowie ein funktionsfähiges Tarifvertragssystem innerhalb der Branchen.

Wie gezeigt, sind heute die beiden Herausforderungen zu bewältigen:

1. Gegen den Anstieg der Arbeitszeit bei Vollzeitstellen vor allem durch Mehrarbeit und die Ausweitung der Wochenarbeitszeit auf 40 Stunden und mehr sollte in einem ersten Schritt die 35-Stunden-Woche auch durchgängig praktiziert werden. Darauf aufbauend sind weitere Schritte der Wochenbeitszeitverkürzung voranzutreiben. Die Forderung nach einer 30- oder 28- Stunden-Woche bleibt modellhaft abstrakt, solange die 35- Stunden-Woche unter Verzicht auf Ausnahmen im Kernbereich nicht realisiert worden ist.

2. Damit eng verbunden stellt sich die Aufgabe, Beschäftigung mit prekären Arbeitszeiten abzubauen. Unternehmen muss das Ausweichen von regulierten Arbeitszeiten in Niedriglohnbeschäftigung mit prekären Arbeitszeiten verbaut werden.

In der Tat, die Bedingungen für entschiedene Schritte der Arbeitszeitverkürzung haben sich seit dem Einstieg in die 35-Stunden-Woche stark verändert. Da sind die negativen Erfahrungen mit diesem Projekt aufzulisten: Teilverzichte auf Lohnausgleich, steigende Arbeitsintensivierung und vor allem in den letzten Jahren eine schleichende Ausweitung der Wochenarbeitszeit auf weit über 40 Stunden ohne Lohnausgleich. Hinzu kommt der wachsende Anteil an Beschäftigungsverhältnissen mit prekären Arbeitszeiten. Da die Spaltung zwischen regulierten und deregulierten Arbeitsplätzen zunimmt, muss heute der Einsatz für eine generelle, ökonomisch mögliche und sozial verpflichtende Politik der Arbeitszeitverkürzung mit der Zurückdrängung dieser belastenden prekären Arbeitsverhältnisse verkoppelt werden. Zur Neubesinnung gehört aber auch eine Arbeitszeitpolitik, die den vom funktionalen Einsatz her unterschiedlichen Anforderungen – etwa für Beschäftigte in der Forschung und Entwicklung – Rechnung trägt.

Trotz der eher belastenden Veränderungen in den Unternehmen wie in der Gesamtwirtschaft sowie trotz der vielen Enttäuschungen seit dem Einstieg in die 35-Stunden-Woche 1984 bei den Beschäftigten – etwa wegen des Missbrauchs zur Arbeitsintensivierung in den Betrieben – muss die gestaltete Arbeitszeitverkürzung wieder gestärkt werden. Betriebsbezogen und gesamtwirtschaftlich sind die Vorteile unbestreitbar. Schließlich leistet die Arbeitszeitverkürzung auch einen Beitrag, die einkommensbedingte Abhängigkeit der Beschäftigten vom »Investitionsmonopol der Unternehmen« (Erich Preiser) abzubauen. Ziel ist es, die individuellen Lebenschancen der Betroffenen durch tarifvertragliche und politische Kollektivregelungen zu verbessern. Die Chancen der Selbstentfaltung derjenigen, die von Arbeitsplätzen abhängig sind, hängen maßgeblich von funktionierenden Tarifverträgen und den politischen Rahmenbedingungen ab. Diese Voraussetzungen müssen geschaffen und gestärkt werden. Somit ist die Politik nachhaltiger Arbeitszeitverkürzung ein wichtiges Projekt eines emanzipatorischen Liberalismus gegenüber dem einseitigen Wirtschaftsliberalismus. Die Abhängigkeiten der auf Arbeitsplätze existenziell Angewiesenen abzubauen, ist eben auch eine Aufgabe der Arbeitszeitverkürzung.

Literatur

Arbeitsgruppe Alternative Wirtschaftspolitik (1984): Memorandum '84: Gegen soziale Zerstörung durch Unternehmensherrschaft – Qualitatives Wachstum, 35-Stunden-Woche, Vergesellschaftung, Köln.
Bontrup, Heinz-J./Niggemeyer, Lars/Melz, Jörg (2007): Arbeit fair teilen, AttacBasisTexte 27, Hamburg.
Erber, Georg/Fritsche, Ulrich (2008): Produktivitätswachstum in Deutschland: Kein nachhaltiger Aufschwung in Sicht, in: DIW-Wochenbericht 36.
Hickel, Rudolf (1985): Technologische Arbeitslosigkeit – Gibt's die?; in: Memo-Forum 5, Bremen.
Hickel, Rudolf (1987): Ein neuer Typ der Akkumulation – Anatomie des ökonomischen Strukturwandels, Hamburg.
Keynes, John Maynard (1923): A Tract on Monetary Reform, London.
Keynes, John Maynard (1972): Economic Possibilities for our Grandchildren; in: The Collected Writings of John Maynard Keynes, Vol. IV.
Leontief, Wassily (1983): »Den technologischen Schock dämpfen«. Interview in IAO-Nachrichten, 19. Jg., Nummer 4.
Leontief, Wassily/Duchin, Faye (1986): The Future Impact of Automation on Workers, New York.

Hartmut Seifert
Kürzer arbeiten – besser für den Arbeitsmarkt
Arbeitszeitverkürzung, Produktivität und Arbeitslosigkeit

1. Problemstellung

Die Gestaltung der Arbeitszeit bewegte sich stets in einem Spannungsfeld divergierender Anforderungen. Aktuell ist das nicht anders. Die Arbeitszeit soll familienfreundlich und alternsgerecht sein und helfen, die Arbeitsbedingungen zu verbessern, sie soll aber auch ökonomischen Effizienzkriterien entsprechen und zur Lösung von Beschäftigungsproblemen beitragen. Außerdem stellt sie einen zentralen Parameter für die Höhe der Einkommen dar.

Einfacher erscheint es, einen Kreis zu quadrieren, als diese Ziele möglichst konfliktarm auszubalancieren. Jeder Versuch wird zusätzlich dadurch kompliziert, dass Arbeitszeit nicht nur auf die Dimension der Dauer reduziert werden darf, sondern dass die beiden anderen Dimensionen Lage und Verteilung sowohl in analytischer als auch konzeptioneller Hinsicht stets mit zu berücksichtigen sind.

In diesem Zielspektrum haben beschäftigungspolitische Überlegungen im Vergleich zu den 1980er und 90er Jahren eher an Bedeutung verloren. Das erscheint nicht gerechtfertigt. Denn trotz der zwischenzeitlich konjunkturell verbesserten Beschäftigungssituation ist Vollbeschäftigung noch längst nicht in Sicht, und es stellt sich die Frage, welchen beschäftigungspolitischen Beitrag Arbeitszeitpolitik leisten kann. In diesem Zusammenhang ist zu prüfen, wie aus arbeits- und gesellschaftspolitischen Begründungskontexten abgeleitete Anforderungen an die Arbeitszeitgestaltung mit Beschäftigungszielen zu vereinbaren sind. Im Vordergrund stehen Überlegungen zu familien- und gleichstellungspolitisch begründeten Arbeitszeitmustern sowie zu einer alternsgerechten Arbeitszeitgestaltung.

Ausgangspunkt der nachfolgenden Ausführungen bildet die Entwicklung der Arbeitszeit. Geht man nämlich davon aus, dass sich ohne gezielte arbeitszeitpolitische Interventionen die Trends der letzten Jahre in der Grundrichtung fortsetzen dürften, interessiert, wie sie im Hinblick auf ihre Beschäftigungswirkungen sowie auf ihre Vereinbarkeit mit den beiden anderen Zielen der Familien- und der Alternsgerechtigkeit zu bewerten sind.

Der nachfolgende Beitrag skizziert zunächst die wichtigsten Entwicklungslinien der Arbeitszeit (Abschnitt 2) und diskutiert sie unter dem Aspekt der Beschäftigungswirkungen (Abschnitt 3). Anschließend wird erörtert, wie die Forderungen nach familien- und nach alternsgerechter Arbeitszeitgestaltung beschäftigungspolitisch zu bewerten sind (Abschnitt 4). Ein kurzes Fazit beendet den Beitrag (Abschnitt 5).

2. Entwicklungslinien der Arbeitszeit

Das Entwicklungsmuster der Arbeitszeit wird durch die drei Dimensionen Dauer, Lage und Verteilung bestimmt. Sie ändern sich simultan und lassen folgende Groblinien erkennen.

Trend zu längeren und kürzeren Arbeitszeiten

Die Dauer der Arbeitszeit ist seit einigen Jahren durch eine polarisierte Entwicklung gekennzeichnet. Sie wird kürzer und länger zugleich. Für die Vollzeitbeschäftigten ist der über Jahrzehnte andauernde Trend zu kürzeren Arbeitszeiten zu Ende gegangen und in eine gegenläufige Entwicklung umgeschlagen. Deren durchschnittlich geleistete Wochenarbeitszeit hat zwischen 2003 und 2007 um 0,7 Std. von 39,6 auf 40,3 Std. zugelegt (vgl. Abbildung 1). Beeinflusst wird dieser Anstieg sicherlich durch die verbesserte Konjunkturlage, die Überstunden und Zeitguthaben auf Arbeitszeitkonten anschwellen lässt. Die Zeitenwende ist aber nicht bloß ein zyklisches Phänomen. Veränderungen sowohl tariflich als auch betrieblich vereinbarter Arbeitszeiten tragen hierzu bei. Unter dem Druck der in den ersten Jahren dieses Jahrzehnts schwachen konjunkturellen Entwicklung, des verschärften Standortwettbewerbs und hoher Arbeitslosigkeit mussten die Beschäftigten in der Bauwirtschaft und in Teilen des öffentlichen Dienstes die Rückkehr zu längeren tariflichen Arbeitszeiten hinnehmen. Zahlreiche betriebliche Vereinbarungen verstärken diese Entwicklung. Gut jeder vierte (23%) Betrieb mit Betriebsrat hat zumindest temporär die Regelarbeitszeit verlängert.[1] In fast der Hälfte (46,8%) der Fälle erhalten die Beschäftigten keinerlei Lohnausgleich, in 36,6 % einen vollen.

---

[1] Die Daten stammen aus der WSI-Betriebsrätebefragung vom Herbst 2007 und basieren auf 2.070 Antworten.

Kürzer arbeiten – besser für den Arbeitsmarkt

Abbildung 1: Zahl der normalerweise geleisteten Wochenstunden bei Vollzeit beschäftigten Arbeitnehmern in der EU 2003 und 2007

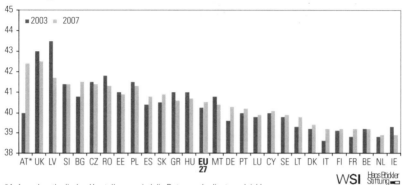

*Aufgrund methodischer Umstellungen sind die Daten nur bedingt vergleichbar.
Quelle: Eurostat 2008

Etwas abgeschwächt wird der Trend zu längeren Arbeitszeiten bei den Vollzeitbeschäftigten durch eine gegenläufige Bewegung. Ein Teil der Betriebe (7,8% der Betriebe mit Betriebsrat) hat die Arbeitszeit unter das tarifliche Niveau abgesenkt,[2] um bei rückläufiger Nachfrage bedrohte Beschäftigungsverhältnisse zu sichern und Arbeitslosigkeit abzuwenden. Zwei Jahre zuvor lag der Vergleichswert noch bei 11,8%. Der niedrigere Wert ist der seit 2005 verbesserten Konjunkturlage zuzuschreiben. Die Arbeitszeitdauer streut stark zwischen den Beschäftigtengruppen. Lange Arbeitszeiten leisten vor allem allein stehende, männliche Beschäftigte mit höheren Qualifikationsabschlüssen und hohem betrieblichem Status (Gross et al. 2007). Vollzeitbeschäftigte Frauen arbeiten deutlich kürzer als Männer, auch wenn sie ansonsten gleiche Merkmale wie Alter, Qualifikation usw. aufweisen.

Im europäischen Vergleich rangiert die effektive Arbeitszeit der Vollzeitbeschäftigten in Deutschland im Mittelfeld und liegt mit 40,3 Std. nur wenig unter dem europäischen Durchschnittswert von 40,5 Std. (vgl. Abbildung 1). Uneinheitlich verläuft die Entwicklung in den EU-Mitgliedsländern. Ein vergleichbar starker Anstieg der Arbeitszeit ist nur noch in Bulgarien und in Italien zu beobachten. In anderen europäischen Ländern geht die Entwicklung dagegen in genau die andere Richtung.[3]

---

[2] Vgl. Fußnote 1.

[3] In Großbritannien ist die durchschnittliche Wochenarbeitszeit von 43 auf 42,4 Stunden gefallen, in Lettland sogar von 43,5 auf 42,3 Stunden und in Rumänien von 41,8 auf 41,3 Stunden.

Noch fehlt es an Erklärungen für dieses divergente Verlaufsmuster. Unterschiede im Niveau der Arbeitszeitdauer führen empirische Analysen für die Länder der OECD auf Unterschiede in den marginalen Steuersätzen (negativ signifikant für Frauen, nicht aber für Männer), Gewerkschaftsmacht und Arbeitszeitregulierungen, vor allem Obergrenzen für die wöchentliche Arbeitszeit, Rahmenbedingungen von Überstunden usw. zurück (OECD 2008). Diese vorrangig institutionellen Faktoren dürften aber kaum die gegenläufigen Entwicklungsrichtungen der Arbeitszeit erklären können, es sei denn, die rechtlich-institutionellen Rahmenbedingungen hätten sich entscheidend geändert.

Dem Trend zu längeren Arbeitszeiten steht eine Entwicklung zu kürzeren gegenüber. Immer mehr Beschäftigte arbeiten Teilzeit oder gar nur auf der Basis geringfügiger Beschäftigung. Die Teilzeitquote ist im Trend über alle konjunkturellen Zyklen hinweg mehr oder minder stetig gestiegen und lag 2006 bei 26,2%. Bei Frauen ist die Teilzeitquote auf 46% geklettert. Für sie wird diese Arbeitszeitform allmählich zur neuen Normalarbeitszeit. Gleichzeitig hat, ausgelöst durch die Hartz-Reformen, die Zahl der ausschließlich geringfügig Beschäftigten zugenommen. Zwischen März 2003 und 2008 ist sie um 15% auf 4,76 Mio. geklettert. Allerdings fehlen Angaben über die durchschnittliche Arbeitszeit dieser Beschäftigtengruppe, so dass sich der Einfluss auf die Entwicklung der durchschnittlichen individuellen Arbeitszeit nicht quantifizieren lässt.

Bilanziert man die skizzierten gegenläufigen Entwicklungen, dann halten sie sich für die letzten Jahre in etwa die Waage. Zwischen dem ersten Quartal 2003 und 2008 ist die durchschnittliche individuelle Arbeitszeit geringfügig um insgesamt 0,26% gesunken. Der starke Zuwachs der Teilzeit- und der geringfügigen Beschäftigung hat die Effekte der Arbeitszeitverlängerungen leicht überkompensieren können. Da gleichzeitig die Zahl der Beschäftigten zugenommen hat, ist auch das gesamtwirtschaftliche Arbeitsvolumen um insgesamt 2,7% gestiegen. Getragen ist diese Entwicklung vom Konjunkturaufschwung ab 2005.

Zunahme atypischer Arbeitszeitlagen

Simultan zur Dauer ändert sich die Lage der Arbeitszeit. Der langjährige Trend zu atypischen Arbeitszeiten während der Nacht und am Wochenende hält an. (Abbildung 2) Deutlich über die Hälfte (59%) der Beschäftigten arbeitet am Wochenende oder nachts oder in Schichtsystemen, also nicht nach dem Muster der Normalarbeitszeit. An Bedeutung gewinnt vor allem die Wochenendarbeit. Für 46% der Beschäftigten ist der Samstag zumindest hin und wieder ein Arbeitstag und wird allmählich zu einem Normalarbeits-

Kürzer arbeiten – besser für den Arbeitsmarkt

Abbildung 2: Schicht-, Nacht- und Wochenendarbeit der abhängig Beschäftigten 1991 und 2007

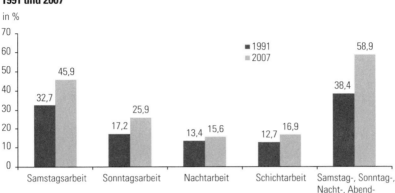

Quelle: Statistisches Bundesamt, Mikrozensus; Eurostat; eigene Berechnungen

tag. Die Rückkehr der Samstagsarbeit unterscheidet sich allerdings von dem bis in die 1960er Jahre üblichen Muster insofern, als damals üblicherweise an sechs und nicht wie heute an höchstens fünf Tagen in der Woche gearbeitet wurde. Gleichwohl verliert das lange Wochenende als gesellschaftliche Zeitinstitution an Bedeutung, zumal sich im Kielwasser der Samstags- auch die Sonntagsarbeit ausbreitet. Unverändert bleibt zwar die Zahl der freien Tage, sie fallen aber immer seltener auf identische Zeitpunkte bei den Beschäftigten. Ein langes Wochenende steht immer weniger Personen für gemeinsame familiale und soziale Aktivitäten zur Verfügung; es wird abgelöst durch ein desynchronisiertes Muster an freien Tagen. Die Koordinationsanforderungen an gemeinsame Familien- und Sozialzeiten wachsen.

Männer leisten Schicht- und Nachtarbeit häufiger als Frauen (vornehmlich im Bereich der sozialen Dienstleistungen). Die Anteilswerte für Nacht- und Schichtarbeit liegen für Männer bei 20,6% und 18,4% und für Frauen bei 9,4% und 13,5%. Wenn die Nachtarbeitsquote von Männern doppelt so hoch ist wie die für Frauen, dann dürfte dies neben den vorrangig bei Frauen angesiedelten familialen Betreuungsaufgaben auch noch mit den Nachwirkungen des lange Zeit geltenden Nachtarbeitsverbots von Arbeiterinnen zu tun haben. Da zukünftig von einer anhaltenden Expansion des tertiären Sektors auszugehen ist, ist auch mit einer weiteren Zunahme atypischer Arbeitszeiten zu rechnen. Die Alterung der Bevölkerung lässt eine wachsende Nachfrage nach vermutlich vorrangig weiblichen Arbeitskräften im Gesundheits- und Pflegebereich erwarten.

Variabilisierung der Arbeitszeit

Die Verteilung der Arbeitszeit erlebt einen Modellwechsel. Arbeitszeitkonten erlauben, die tariflich, betrieblich oder individualvertraglich vereinbarte Arbeitszeit variabel zu verteilen. Dieses neue Prinzip flexibler Zeitgestaltung löst das bisherige Modell der mehr oder minder starren Normalarbeitszeit ab. Die Regelarbeitszeit stellt nunmehr lediglich eine Durchschnittsgröße dar, die in einem bestimmten Zeitraum zu erreichen ist und von der phasenweise nach oben und nach unten, meist im Rahmen vereinbarter Bandbreiten, abgewichen werden kann (Seifert 2008).

Die Schätzungen über die Verbreitung von Arbeitszeitkonten variieren je nachdem, welche Definition zugrunde gelegt wird. Die Ende 2007 durchgeführte WSI-Betriebsräte-Befragung beziffert die Verbreitung von Zeitkonten in mitbestimmten Betrieben mit mindestens 20 Beschäftigten auf gut 72%. Bislang dominieren Kurzzeitkonten, die einen Ausgleich der Zeitguthaben innerhalb eines Jahres vorsehen. Langzeitkonten sind noch wenig verbreitet, gewinnen aber, wie repräsentative Befragungen von Betriebsräten zeigen, allmählich an Bedeutung. Ende 2007 waren sie in 10% der Betriebe mit Betriebsrat und mindestens 20 Beschäftigten eingeführt,[4] zum Jahreswechsel 2004/05 lag der Vergleichswert noch bei 8% (Seifert 2005).

3. Beschäftigungspolitische Bewertung

Die beschriebenen Veränderungen der Arbeitszeit beeinflussen sowohl die betrieblichen Kosten- als auch die Verteilungsstrukturen des Arbeitsvolumens sowie die Einkommen einzelner Beschäftigtengruppen. Deshalb ist davon auszugehen, dass sie nicht beschäftigungsneutral sind. Ein Modell, das in der Lage wäre abzuschätzen, welche Wirkungen insgesamt von den beschriebenen Entwicklungen der drei Arbeitszeitdimensionen auf die Beschäftigung ausgehen, ist nicht bekannt. Vor allem der Zusammenhang von flexiblen Arbeitszeiten und Beschäftigung ist bislang empirisch kaum ausgeleuchtet. Die Argumentation bleibt auf Plausibilitätsüberlegungen angewiesen, die jedoch nicht immer zu eindeutigen Wirkungsrichtungen kommen. Es fällt schwer, den Saldo der Effekte zu bilanzieren.

---

[4] Vgl. Fußnote 1.

Kürzer arbeiten – besser für den Arbeitsmarkt

Abbildung 3: Arbeitszeit und Arbeitslosenquoten 2007

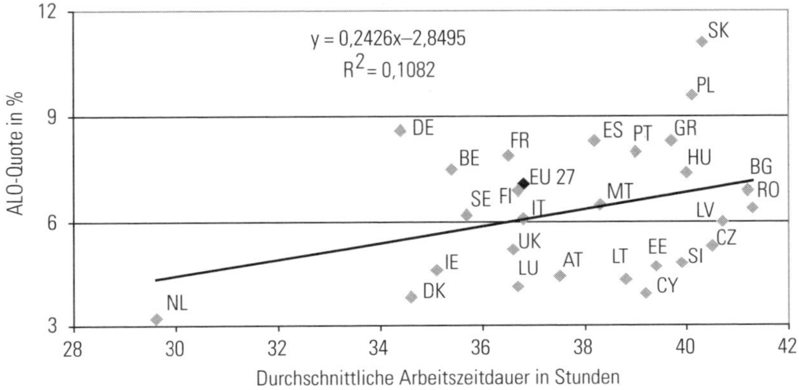

[Streudiagramm: ALO-Quote in % (y-Achse, 3–12) gegen Durchschnittliche Arbeitszeitdauer in Stunden (x-Achse, 28–42); Regressionsgleichung $y = 0{,}2426x - 2{,}8495$, $R^2 = 0{,}1082$. Länderpunkte: NL, IE, DK, DE, BE, SE, FI, EU 27, IT, UK, LU, AT, FR, ES, PT, MT, LT, EE, SI, CY, CZ, GR, HU, LV, PL, SK, BG, RO.]

Quelle: Eurostat

Dauer der Arbeitszeit und Arbeitslosigkeit

Erste Hinweise auf den Zusammenhang von Arbeitszeit und Arbeitslosigkeit erhält man, wenn man im internationalen Vergleich die durchschnittliche Dauer der Arbeitszeit aller Beschäftigten den jeweiligen Arbeitslosenquoten gegenüber stellt. Es zeigt sich statistisch ein leichter Zusammenhang (vgl. Abbildung 3).

Auffallend ist, dass in den beschäftigungspolitisch erfolgreichen Ländern Dänemark und in den Niederlanden deutlich kürzer gearbeitet wird als in Deutschland. Und umgekehrt können, wie die Beispiele Polen oder Griechenland zeigen, lange Arbeitszeiten mit hoher Arbeitslosigkeit einhergehen. Die Analyse würde jedoch zu kurz greifen, wie dies zuweilen in der öffentlichen Debatte geschieht, aus solchen simplen Gegenüberstellungen auf einen systematischen Zusammenhang zwischen Arbeitszeitdauer und Arbeitslosigkeit zu schließen.

Andere wirtschaftliche Faktoren wie Produktivität und Arbeitskosten sowie die Entwicklung auf der Angebotsseite des Arbeitsmarktes, aber auch die makroökonomischen Rahmenbedingungen sind insgesamt in den Blick zu nehmen.

Längere Arbeitszeiten

Die Verlängerungen der Arbeitszeit in den letzten Jahren waren nicht flächendeckend, sondern betrafen überwiegend einzelne Betriebe/Unternehmen, aber auch Teile des öffentlichen Dienstes sowie das Baugewerbe. Sie erfolgten überwiegend ohne oder nur mit partiellem Lohnausgleich[5] und senkten den Stundenlohn. Außerdem schoben sie die Margen für zuschlagpflichtige Überstunden hinaus. Inwieweit sie auch die Lohnstückkosten beeinflussten, lässt sich angesichts ihrer empirisch nicht quantifizierten Wirkungen auf die Arbeitsproduktivität nicht sagen.

Wegen der Lohn senkenden Effekte gelten verlängerte Arbeitszeiten aus neoklassischer Sicht als ein Weg zu mehr Beschäftigung (Sinn 2003). Das Argument ist, durch verringerte Arbeitskosten könnten die Preise fallen, der Reallohn bliebe konstant, dadurch seien keine Einbrüche beim privaten Verbrauch zu befürchten und aufgrund der gestärkten internationalen Wettbewerbsfähigkeit könne der Export anziehen. Unterstellt sind eine Preiselastizität von mindestens eins, eine unveränderte Stundenproduktivität der Arbeit und eine unmittelbare Anpassung von Preisen und Nachfrage an veränderte Kostenstrukturen.

Für die Diskussion über die Beschäftigungswirkungen ist zu unterscheiden zwischen partiellen und generellen Arbeitszeitverlängerungen. Im ersten Fall können sie die betriebliche Wettbewerbssituation durchaus verbessern und bedrohte Arbeitsverhältnisse sichern. In den betroffenen Betrieben sind sie jedoch beschäftigungsneutral. Sie erhöhen das Arbeitsvolumen, nicht aber die Beschäftigtenzahl. Empirisch ungeklärt ist, ob die durch verlängerte Arbeitszeiten verbesserten Kostenstrukturen in den betroffenen Unternehmen dynamische Wachstumsprozesse auslösen. Ebenso fehlt es an gesicherten Erkenntnissen über mögliche Verdrängungseffekte bei Wettbewerbern, was nicht völlig unplausibel erscheint. Insofern lässt sich auch kaum abschätzen, wie letztlich die Beschäftigungsbilanz ausfällt.

Bei generellen Verlängerungen der Arbeitszeit sind folgende Wirkungsmechanismen zu erwarten. Geht man einmal von der wenig realistischen Annahme aus, dass die Unternehmen tatsächlich unmittelbar auf die Arbeitszeitverlängerung reagieren, Produktion und Dienstleistungen proportional ausweiten, die marginale Arbeitsproduktivität konstant halten können,[6] die Kostenentlastungen in vollem Umfang an Konsumenten und Investoren in reduzierten Preisen weiter geben, dann steigen die realen Lohneinkommen.

---

[5] Nach den Befunden der WSI-Betriebsrätebefragung von 2007 haben 47% der Betriebe, die die Arbeitszeit verlängerten, keinen Lohnausgleich gewährt, knapp 17% einen partiellen und gut 36% einen vollen, vgl. Fußnote 1.

[6] Speziell bei vertakteten Tätigkeiten mit hoher Arbeitsintensität ist bei verlängerter Arbeitszeit mit einer abnehmenden marginalen Stundenproduktivität zu rechnen, so wie umgekehrt bei der Verkürzung der Wochenarbeitszeit in vielen Bereichen die Stundenproduktivität gesteigert werden konnte (Bosch et al. 1988).

Kürzer arbeiten – besser für den Arbeitsmarkt

Der private Verbrauch wird zulegen. Er wird sich aber nicht in dem Maße erhöhen, wie die Realeinkommen und die Produktionsmöglichkeiten wachsen, da die Sparquote der privaten Haushalte weiterhin positiv bleiben und die Reallohnverbesserungen nicht vollständig in zusätzlichen Konsum fließen werden (Hein 2004).[7] Selbst unter der äußerst optimistischen Annahme, dass die Unternehmen die gesunkenen Arbeitskosten uno actu und in vollem Umfang in entsprechenden Preisreduzierungen weitergeben, verbleibt also eine Nachfragelücke. Sie wird umso größer ausfallen, je weniger es angesichts teilweise kartellierter Märkte mit entsprechenden Preisrigiditäten zu den unterstellten Preisreaktionen kommt. Realistischer ist, von einer Lohnelastizität kleiner als eins auszugehen (Sachverständigenrat 2003, Ziffer 657). Die Reallöhne würden dann hinter dem gestiegenen Produktionspotenzial zurück bleiben. Die Unternehmen müssten den durch die Arbeitszeitverlängerung gesteigerten Arbeitseinsatz zurücknehmen und entweder die Beschäftigtenzahl oder die durchschnittliche Arbeitszeit reduzieren. Der von den Befürwortern längerer Arbeitszeiten prognostizierte positive Beschäftigungseffekt ist nicht zu erwarten; die Zahl der Beschäftigten wird vielmehr zurückgehen.

Bei den Exporten ist aufgrund der verbesserten preislichen Wettbewerbssituation mit erhöhter Nachfrage zu rechnen, deren Ausmaß von der Preiselastizität auf den einzelnen Gütermärkten abhängt. Unsicher ist, wie die ausländischen Wettbewerber auf die verbesserte Wettbewerbsposition deutscher Unternehmen reagieren werden. Nicht auszuschließen ist, dass sie ihre Währungen gegenüber dem Euro abwerten oder, wo dies nicht möglich ist, ebenfalls versuchen, die Arbeitskosten zu senken. Ein prominentes Beispiel liefert der Versuch der französischen Regierung, die Arbeitszeitverkürzungen der letzten Jahre zurückzudrehen und die 35-Stundenwoche abzuschaffen. Vor allem in Situationen nachlassenden wirtschaftlichen Wachstums, steigender Arbeitslosigkeit und angespannter öffentlicher Haushalte besteht die Gefahr, dass weitere in Deutschland angestrebte und auch realisierte Arbeitszeitverlängerungen ohne Lohnausgleich in Europa einen Prozess des Lohndumpings einleiten.

Für die Investitionstätigkeit der Unternehmen lassen Arbeitszeitverlängerungen ohne Lohnausgleich keine zusätzlichen Impulse erwarten. Arbeitszeitverlängerungen erhöhen zwar bei unverändertem Kapitalstock die

---

[7] Angesichts der Unsicherheiten in den andauernden Debatten über die Reform der Finanz- und Sozialpolitik ist ein weiterer Anstieg der Sparquote keinesfalls auszuschließen, zumal die aktuelle Politik Beschäftigten ein höheres Maß an Eigenvorsorge in der sozialen Sicherung, aber auch bei der beruflichen Weiterbildung abverlangt.

potenziellen Produktionskapazitäten und wirken dämpfend auf die Kapitalstückkosten.[8] Steigt die Gesamtnachfrage aber nicht im Ausmaß der Kostenreduktion, werden auch die Produktionskapazitäten nicht in dem Maße genutzt, wie es durch die Arbeitszeitverlängerung theoretisch möglich wäre. Angesichts bestehender Kapazitätsreserven werden die Unternehmen bei ihren Planungen bzw. Entscheidungen über Erweiterungsinvestitionen eher zurückhaltend sein.

In Rechnung zu stellen ist ferner, dass sinkende Preise den Realwert der bestehenden Schulden erhöhen. Die Gefahr ist besonders groß, wenn die Inflationsrate niedrig ist. Die Unternehmen als Schuldner könnten sich, um ein Anwachsen ihrer Realschulden zu vermeiden, gezwungen sehen, ihre Investitionen einzuschränken (Kromphardt 2003). Gesamtwirtschaftlich erscheint die Wahrscheinlichkeit, dass die durch verlängerte Arbeitszeiten ausgeweitete Produktion nicht oder nur teilweise auf eine entsprechend expandierende Nachfrage trifft, größer als ein durch die Kostensenkung induzierter Schub für wirtschaftliches Wachstum.

Skepsis gegenüber positiven Beschäftigungseffekten zeigt auch der Sachverständigenrat, der kurzfristig Entlassungen in Folge genereller Arbeitszeitverlängerungen nicht ausschließt (Sachverständigenrat 2003, Ziffer 657). Einnahmeausfälle und höhere Ausgaben bei den Sozialversicherungen wären die Folge. Beschäftigungspolitische Zurückhaltung legen ferner Befragungen von Betrieben (Spitznagel/Wanger 2004) sowie Simulationsschätzungen nahe (Bartsch 2005; Conrad et al. 2005); bei generellen Arbeitszeitverlängerungen ist eher mit negativen Beschäftigungseffekten zu rechnen. Steigt aber die Zahl der Arbeitslosen, entstehen zusätzliche Kosten bei der Arbeitslosenversicherung mit entsprechenden Rückwirkungen auf die Lohnnebenkosten.

Kürzere Arbeitszeiten

Die Diskussion über die Beschäftigungswirkungen von verkürzten Arbeitszeiten leidet an einer seltsamen Schieflage. Während die Effekte tariflicher Arbeitszeitverkürzungen äußerst kontrovers diskutiert werden, gelten individuelle Arbeitszeitverkürzungen in Form von Teilzeitarbeit weitgehend als beschäftigungswirksam. Diese unterschiedlichen Bewertungen sind nicht nachvollziehbar und in ihrer Generalität auch nicht zu rechtfertigen. Denn

---

[8] Von Betrieben mit Vollauslastung des Produktionspotenzials, die in kontinuierlichen Schichtsystemen arbeiten, wird hier abgesehen. Eine Verlängerung der Arbeitszeiten würde dort Investitionen zur Erweiterung des Produktionspotenzials erfordern.

Kürzer arbeiten – besser für den Arbeitsmarkt

aus theoretischer Sicht gibt es keine grundsätzlichen Unterschiede in den Wirkungsmechanismen beider Formen der Arbeitszeitverkürzung. Entscheidend für die Beschäftigungswirksamkeit sind die Bedingungen, unter denen die Änderungen erfolgen. Dreh- und Angelpunkt bilden Fragen des Lohnausgleichs, durch veränderte Arbeitszeiten induzierte Effekte auf die Produktivität sowie mögliche Kreislaufwirkungen auf die gesamtwirtschaftlichen Nachfrageaggregate.

Kaum Zweifel bestehen an den positiven Beschäftigungswirkungen der expandierenden Teilzeitarbeit. Eine auf vereinfachenden Annahmen basierende Modellrechnung für die Jahre 1994 bis 2004 schreibt der gestiegenen Teilzeitquote einen positiven Umverteilungseffekt von 2,6 Mio. Beschäftigungsverhältnissen zu (Dietz/Walwei 2006). Diese Schätzungen sind statisch, beruhen auf einfachen Annahmen und blenden Effekte auf Produktivität, Arbeitskosten und Kreislaufzusammenhänge aus. Selbst wenn man auf Basis differenzierter Modellschätzungen zu geringeren Werten käme, steht der generelle Aspekt der positiven Beschäftigungswirksamkeit außer Frage. Hiervon gehen auch die Betriebe mit Teilzeitarbeit aus (Wanger 2006). Sie sehen in der Umwandlung von Vollzeit- in Teilzeitarbeit eine Möglichkeit, die Zahl der Beschäftigten zu erhöhen oder bei negativer Geschäftsentwicklung bedrohte Beschäftigungsverhältnisse »personenneutral« zu sichern. Von einem entsprechenden Wirkungsmechanismus ist auch bei betrieblich vereinbarten Arbeitszeitverkürzungen auszugehen, zumal in der Mehrheit der Fälle im Gegenzug Beschäftigungsgarantien vereinbart wurden (Seifert/Massa-Wirth 2005).

Die Diskussion über die Wirkungen kürzerer Arbeitszeiten wäre verkürzt, wenn sie auf den bloßen Umverteilungsmechanismus beschränkt bliebe. Die ökonomischen Wirkungszusammenhänge sind umfassender und erklären, warum Betriebe häufig aus Eigeninteresse kürzere Arbeitszeiten in Form von Teilzeitarbeit und geringfügiger Beschäftigung einführen. Mit Hilfe kurzer Arbeitszeiten können sie ihre Anpassungsflexibilität steigern, schneller auf volatile Nachfrage reagieren und zudem Kosten senken. Kurze Arbeitszeiten (Teilzeitarbeit/geringfügige Beschäftigung) erlauben, den Arbeitseinsatz bedarfsgerecht (in Spitzenzeiten) flexibel auszudehnen und temporale Flexibilität zu steigern, ohne dass Kosten treibende Überstundenzuschläge gezahlt werden müssen (Wanger 2006). Kurze Arbeitszeiten in Form von Teilzeitarbeit tragen ferner dazu bei, Fehlzeiten und Fluktuation zu verringern und Arbeitskosten zu senken. Sie ermöglichen außerdem, die Arbeitsleistung zu intensivieren und die Leistung pro Zeiteinheit, die Arbeitsproduktivität, zu steigern (Wanger 2006). Dieser Effekt wurde auch bei den seit Mitte der 1980er Jahre in der Metall- und in der Druckin-

Abbildung 4: Arbeitszeit und Arbeitsproduktivität 2006

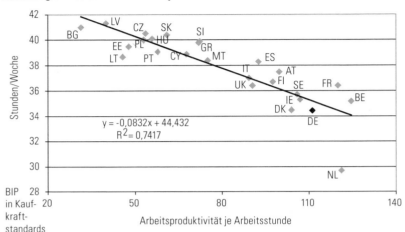

Arbeitsproduktivität: für BE, LV, MT, PT, SI, UK geschätzter Wert und für RO sind keine Daten verfügbar.
Quelle: Eurostat

dustrie durchgeführten Verkürzungen der tariflichen Arbeitszeit beobachtet (Bosch et al. 1988).

Auf einen engen Zusammenhang zwischen Arbeitszeitdauer und Produktivität verweist schließlich ein Vergleich, der die Dauer der täglichen bzw. wöchentlichen Arbeitszeit der Stundenproduktivität in den EU-Mitgliedsländern gegenüber stellt (vgl. Abbildung 4). Der Zusammenhang zwischen beiden Größen ist statistisch signifikant: Je kürzer die Arbeitszeit der Vollzeitbeschäftigten, desto höhere Werte zeigt die Stundenproduktivität. Dieser Befund lässt zwei Interpretationen zu. Kurze Arbeitszeiten können Ausdruck einer hohen Produktivität sein, die Spielraum lässt, nicht nur die Löhne, sondern auch den Zeitwohlstand zu steigern. Denn unter Kostenaspekten ist es unerheblich, ob der durch den Produktivitätszuwachs gebildete Verteilungsspielraum für Lohnsteigerungen oder Arbeitszeitverkürzungen oder für eine Kombination beider Komponenten ausgeschöpft wird. Denkbar ist aber auch ein umgekehrtes Kausalitätsverhältnis. Kurze Arbeitszeiten erlauben eine höhere Leistung pro Zeiteinheit. Dieser Zusammenhang macht Teilzeitarbeit für viele Betriebe erst attraktiv (Wanger 2006).

Resümierend lässt sich festhalten, dass kein triftiger Grund besteht, auf weitere Verkürzungen der Arbeitszeit zu verzichten, solange die Beschäftigten weiteren Zeitwohlstand präferieren und bereit sind, auf ansonsten mögliche Einkommenszuwächse zugunsten von mehr Zeitwohlstand zu verzichten. Entscheidend ist dann, unter welchen Bedingungen Arbeitszeitverkürzungen vereinbart werden. Bleiben sie im Vergleich zu ansonsten vereinbarten Tariflohnänderungen neutral unter dem Gesichtspunkt ihrer Wirkungen auf Arbeitskosten und Produktivität, ist auch ihre positive Beschäftigungswirksamkeit nicht in Frage gestellt. Unter diesen Vorzeichen ist nicht nachvollziehbar, wenn in der arbeitszeitpolitischen Diskussion tarifliche Arbeitszeitverkürzungen im Hinblick auf ihre Beschäftigungswirkungen grundsätzlich anders, und zwar negativer, eingeschätzt werden als die bei einer Ausweitung der Teilzeitarbeit.

Flexible Arbeitszeiten

Flexible Arbeitszeiten sowohl in Form von Arbeitszeitkonten als auch vermehrter Nacht- und Wochenendarbeit bieten in mehrfacher Hinsicht Kosten- und Produktivitätsvorteile. Betrieben winken ansehnliche Kostenvorteile, wenn sie mit Hilfe von Zeitkonten die Arbeitszeit variabel je nach Marktlage steuern. Sie sparen Zuschläge für Überstunden, können »just in time« produzieren oder Dienstleistungen erbringen. Bei volatiler Nachfrage lässt sich der Arbeitseinsatz geschmeidig anpassen. Kosten für Entlassungen und spätere Wiedereinstellungen entfallen. Zudem lassen sich mit Hilfe einer Zeitkonten gesteuerten Arbeitszeitverteilung die Reaktionszeiten verkürzen. Diesen Kostenvorteilen stehen zusätzliche Kosten für die Einführung und Organisierung von Arbeitszeitkonten gegenüber.

Variable Arbeitszeiten steigern die Arbeitsproduktivität und senken die Arbeits- sowie Kapitalkosten (Lagerkosten), dämpfen aber auch die Einkommen (Wegfall von Überstundenzuschlägen). Unklar ist, wie sich diese die Angebotsbedingungen verbessernden und die Nachfragebedingungen einschränkenden Effekte in der Beschäftigungsbilanz auswirken.

Kosten senkend wirken auch vermehrte Schicht-, Nacht- und Wochenendarbeit. Die Betriebe gewinnen (im Produktionsbereich) Spielraum, die Maschinenlaufzeiten zu verlängern, ohne durch zusätzliche Investitionen die Kapazitäten auszuweiten und die Kapitalstückkosten zu senken. Dem stehen höhere Arbeitskosten aufgrund der Zuschläge für diese atypischen Arbeitszeiten gegenüber. Die Dienstleistungsgesellschaft verlangt nach Rund-um-die-Uhr-Versorgung im Bereich der Gesundheits- und Pflegeaktivitäten, der Sicherheitsdienste, des Verkehrs, der Nachrichtenübermittlung usw. Durch die Ausdehnung der Servicezeiten winken Wachstumspotenziale. Sieht man einmal von Skalenerträgen ab, sind aber keine dem Produktionsbereich vergleichbaren Kosten senkenden Effekte zu erwarten.

Sowohl angebots- als auch nachfragetheoretische Argumente sprechen dafür, dass längere Betriebsnutzungszeiten (aufgrund vermehrter Nacht-, Schicht- und Wochenendarbeit) die Beschäftigung positiv beeinflussen. Die intensivere Nutzung des Kapitalstocks ermöglicht die Kapitalstückkosten zu senken und die Einkommen (Geldzuschläge) zu steigern. Unberücksichtigt bleiben externalisierte Kosten, die in Folge vermehrter Nacht- und Schichtarbeit und dadurch verursachter Belastungen im Gesundheits- oder Rentenbereich (Erwerbsminderungsrenten) anfallen können. Da ungünstige und im Schichtdienst häufig wechselnde Arbeitszeiten bürgerschaftliches Engagement beeinträchtigen (Klenner et al. 2001), müssten auch diese Sozialkosten in das Kalkül einbezogen werden. Gerade diese bei den öffentlichen Haushalten anfallenden Kosteneffekte bleiben in der arbeitszeitpolitischen Debatte häufig ausgeblendet, obwohl sie die Höhe der Steuern und Abgaben beeinflussen, die Lohnnebenkosten erhöhen und die Beitragszahler belasten und damit auch beschäftigungsrelevant sein können.

4. Arbeitszeitpolitische Perspektiven

Für die weitere arbeitszeitpolitische Diskussion erscheint es sinnvoll, Strategien zu verfolgen, die sich durch einen möglichst hohen Grad an Zielkongruenz auszeichnen. Einen prominenten Stellenwert in der aktuellen arbeits- und gesellschaftspolitischen Debatte nehmen familien- und gleichstellungspolitische Zielsetzungen ein sowie Fragen der alternsgerechten Arbeitszeitgestaltung. Gemessen an diesen Zielsetzungen sind die beschriebenen Entwicklungen der Arbeitszeit weder als familien- noch alternsgerecht einzustufen. Arbeitszeitverlängerungen und der gleichzeitige Zuwachs atypischer Arbeitszeiten vor allem während der Nacht und/oder im Wechselschichtrhythmus erhöhen gesundheitsgefährdende Belastungen und laufen dem Ziel alternsgerechter Arbeitszeitgestaltung zuwider.

Ebenso kollidieren die beschriebenen Trends zu längeren Arbeitszeiten und zu vermehrten atypischen Arbeitszeiten mit den Zielen einer verbesserten Vereinbarkeit von Beruf und Familie und größerer beruflicher Chancengleichheit von Frauen. Die Vereinbarkeitsprobleme kumulieren, wenn sich die Trends zu atypischen und zu verlängerten Arbeitszeiten überlagern. Aber allein schon verlängerte Arbeitszeiten erschweren die Versuche, die Zeitanforderungen aus Erwerbsarbeit und Familie auszubalancieren und zu mehr Geschlechtergerechtigkeit beizutragen. Bei gegebener geschlechtsspezifischer Verteilung der Erziehungs- und Betreuungsarbeiten bleibt Frauen, die Betreuungsleistungen nicht am Markt einkaufen können, dann häufig nur

Kürzer arbeiten – besser für den Arbeitsmarkt

die Alternative der Teilzeitarbeit. Solange diese Beschäftigungsform im Vergleich zu Vollzeitarbeit durch geringere Einkommen und Karrierechancen sowie einen schlechteren Zugang zu betrieblicher Weiterbildung gekennzeichnet ist (Brehmer/Seifert 2007), bleibt sie eine Second-best-Lösung.

Kein Zweifel dürfte bestehen, dass kürzere Vollzeitarbeit besser geeignet ist, die Vereinbarkeitsprobleme zu entschärfen, Frauen zudem größere Chancen bei der beruflichen Karriere bietet, außerdem die Arbeitsbelastungen reduziert und damit die Chancen steigert, länger im Erwerbsleben verbleiben zu können. Schließlich verspricht eine solche multifunktionale Arbeitszeitpolitik, die Arbeitsmarktprobleme zu lindern. Ein erster entscheidender Schritt wäre, den Trend zu längeren Arbeitszeiten zu stoppen und möglichst umzukehren. Eine solche Zeitenwende ist nicht gleichbedeutend mit einer Verkürzung der Lebensarbeitszeit. Im Gegenteil: Kürzere, belastungsärmere Arbeitszeiten können die Voraussetzungen verbessern, länger im Erwerbsleben verbleiben und die Lebensarbeitszeit insgesamt steigern zu können.

Da derzeitig die Chancen für generelle Arbeitszeitverkürzungen kaum mehrheitsfähig und deshalb schwer durchsetzbar (Geldpräferenz, differenzierte Arbeitszeiten und Zeitwünsche) sein dürften, bleiben individuelle bzw. gruppenspezifische oder auch kontextgebundene Ansprüche auf kürzere Arbeitszeiten. Hierzu gehört ein möglichst zeitnaher Zeitausgleich für Überstunden, der die effektive Arbeitszeit auf das Niveau der tariflich vereinbarten senken würde. Ebenfalls belastungsmindernd wirkt ein Zeitausgleich für atypische Arbeitszeiten, der sich kostenneutral durch Umwandlung der Geldzuschläge in entsprechende Freizeit regeln ließe.

Zur Verkürzung der Arbeitszeit würden ferner generelle Ansprüche auf Weiterbildungszeiten (auch bei atypischen Beschäftigungsformen) beitragen. Die zusätzlichen Kosten dürften langfristig durch eine verbesserte Innovationsfähigkeit, erhöhte Arbeitsproduktivität und gestärkte Wettbewerbsfähigkeit ausgeglichen werden. Schließlich sind Ziehungsrechte auf Freistellungen vorgeschlagen worden (Mückenberger 2005). Verteilt über die Erwerbsbiografie sollen sie ermöglichen, Zeiten für nichterwerbswirtschaftliche Aktivitäten nutzen zu können und auch phasenweise zeitliche Überbeanspruchungen zu vermeiden.

5. Fazit

Die Arbeitszeit bewegt sich auf Konfliktkurs. Die Entwicklung geht hin zu kürzeren und gleichzeitig auch längeren Arbeitszeiten, zu vermehrter Schicht-, Nacht- und Wochenendarbeit sowie zu variablen Verteilungsformen. Dieses Entwicklungsmuster kollidiert mit zentralen gesellschafts- und arbeitsmarktpolitischen Zielsetzungen. Es ist weder familienfreundlich, noch trägt es zur Geschlechtergerechtigkeit am Arbeitsmarkt bei, es entspricht auch nicht den demografischen Anforderungen an einen längeren Verbleib im Erwerbsleben und leistet keinen Beitrag, die Arbeitsmarktprobleme zu entschärfen. Wenn sich die Arbeits- und Lebensbedingungen für einen relevanten Teil der Beschäftigten nicht weiter verschlechtern sollen und auch der Arbeitsmarkt profitieren soll, müsste der Trend zu längeren Arbeitszeiten nicht nur gestoppt, sondern umgekehrt werden. Da auf Nacht- und Wochenendarbeit allein schon aus Versorgungsgründen nicht verzichtet werden kann, können nur kürzere Arbeitszeiten die gesundheitlichen Belastungen und Einschränkungen der familialen und gesellschaftlichen Teilhabe mindern. Gleichzeitig leisten sie einen positiven Beitrag für den Arbeitsmarkt. Grundsätzlich stellen aktuelle familien- und gleichstellungspolitische sowie alternsgerechte Anforderungen an die Arbeitszeitgestaltung keinen Gegensatz zu beschäftigungspolitischen Zielen dar. Vielmehr lassen sie sich zu einem konsistenten zeitstrategischen Konzept verknüpfen, das mehreren arbeits- und gesellschaftspolitischen Zielsetzungen gleichermaßen dienlich ist.

Literatur

Bartsch, K. (2005): Durch Arbeitszeitverlängerung aus der Beschäftigungskrise? In: WSI-Mitteilungen, 58, S. 90-96.
Bosch, G./Engelhardt, H./Hermann, K./Kurz-Scherf, I./Seifert, H. (1988): Arbeitszeitverkürzung im Betrieb, Köln.
Brehmer, W./Seifert, H. (2007): Wie prekär sind atypische Beschäftigungsverhältnisse? Eine empirische Analyse, WSI-Diskussionspapier Nr. 156, Düsseldorf.
Conrad, C./Koschel, H./Löschel, A. (2005): Not Employed 37 Hours or Employed 41? ZEW Discussion Paper No. 05-42.
Dietz, M./Walwei,U. (2006): Beschäftigungswirkungen des Wandels der Erwerbsformen, in: WSI-Mitteilungen, 59, S. 278-286.
Groß, H./Seifert, H./Sieglen, G. (2007): Formen und Ausmaß verstärkter Arbeitszeitflexibilisierung, in: WSI-Mitteilungen 4/2007.
Hein, E. (2004): Arbeitszeitverlängerung als wirtschaftspolitisches Allheilmit-

tel? In: WSI-Mitteilungen 57, S. 690-691.

Klenner, C./Pfahl, S./Seifert, H. (2001): Ehrenamt und Erwerbsarbeit – Zeitbalance oder Zeitkonkurrenz, Düsseldorf.

Kromphardt, J. (2003): Lohnpolitik bei möglicher Deflation, in: Wirtschaftsdienst, Heft 8, S. 501-508.

Mückenberger, U. (2007): Ziehungsrechte – Ein zeitpolitischer Weg zur »Freiheit in der Arbeit«?, in: WSI-Mitteilungen, 60, S. 195-201.

OECD (2008): Going for Growth, Paris.

Sachverständigenrat zur Begutachtung der gesamtwirtschaftlichen Entwicklung, Jahresgutachten 2003/04, Berlin.

Seifert, H. (2005): Vom Gleitzeit- zum Langzeitkonto, in: WSI-Mitteilungen, 58, S. 308-313.

Seifert, H. (2008): Regulated Flexibility – Flexible Working Time Patterns in Germany and the Role of Works Councils, in: The International Journal of Comparative Labour Law and Industrial Relations, Vol. 24, S. 227-240.

Seifert, H./Massa-Wirth, H. (2005): Pacts for employment and competitiveness in Germany, in: Industrial Relations Journal 36, S. 217-240.

Sinn, H.-W. (2003): Ist Deutschland noch zu retten? München.

Spitznagel, E./Wanger, S. (2004): Mehr Beschäftigung durch längere Arbeitszeiten? IABForschungsbericht Nr. 5, Nürnberg.

Wanger, S. (2006): Teilzeitarbeit fördert Flexibilität und Produktivität, in: IAB Kurzbericht Nr. 7, Nürnberg.

Adelheid Biesecker
Kürzer arbeiten – besser für die Umwelt
Arbeitszeitverkürzung und Ökologie

1. Einführung

Im September des Jahres 2007 starb André Gorz: Er hatte gemeinsam mit seiner Frau beschlossen zu sterben. Im Nachruf von Elisabeth von Thadden in der »Zeit« (Nr. 40/2007, S. 2) heißt es:
»Unter Ökologie verstand er mehr als biologisch korrektes Essen, er hat sie gesellschaftlich aufgefasst und politisch. Er war Vordenker einer Politik, die das ökologisch Unvernünftige teuer machen und jedem Bürger Zeit geben sollte für seine Mitmenschen, für die Natur, für Arbeit mit den eigenen Händen, für Lektüre. Das klang den meisten in den siebziger Jahren, rechts wie links, noch nach Kraut und Rüben, hat dann Sozialdemokraten wie Grüne beschäftigt und ist heute, bis tief in die bürgerliche Mitte hinein, zum Rechtsbestand der Hoffnungen auf ein ziviles Leben geworden.«

Dieses zivile Leben kann nur – das macht die aktuelle Debatte um den Klimawandel deutlich – ein naturverträgliches sein. Und ein sozialverträgliches, d.h. (menschen)gerechtes, und zwar weltweit. Auch darauf weist diese aktuelle Debatte hin. So schreibt der »Wissenschaftliche Beirat der Bundesregierung Globale Umweltveränderungen« (WBGU) in seinem kürzlich vorgelegten Gutachten mit dem Titel »Welt im Wandel: Sicherheitsrisiko Klimawandel«:
»Ein ungebremster Klimawandel kann existenzielle Lebensgrundlagen gefährden, zur Aushöhlung menschlicher Sicherheit führen und in diesem Sinne zur Verletzung von Menschenrechten beitragen.« (WBGU 2007: 6)
Und die Friedensnobelpreisträgerin des Jahres 2004, Wangai Maathai, forderte beim Treffen der Bundeskanzlerin mit 15 NobelpreisträgerInnen in Potsdam weltweite »Kohlenstoff-Gerechtigkeit« – eine Forderung, die die Bundeskanzlerin folgendermaßen präzisierte (vgl. SZ vom 10.10.2007: 5): Jede Bürgerin und jeder Bürger der Weltgemeinschaft sollte dieselbe Menge Kohlenstoff (CO_2) freisetzen dürfen – maximal zwei Tonnen pro Jahr. Gegenwärtig stoßen die US-Amerikaner im Durchschnitt 20 t pro Jahr aus,

die Deutschen elf, die Welt vier. Gelingt die weltweite Halbierung nicht bis 2050 – und gelingt sie nicht gerecht –, so die Warnung des WBGU, können daraus »Gewalt und Destabilisierung erwachsen, die die nationale und internationale Sicherheit in einem bisher unbekannten Ausmaß bedrohen.« (WBGU 2007: 1)

Es gibt also viel zu tun. Die Devise heißt Umsteuern: von unserer industrieökonomisch geprägten Gesellschaft hin zu einer nachhaltigen – zu einer Gesellschaft, in der Ökonomie, Ökologie und Soziales zusammenpassen, in der so gewirtschaftet wird, dass Natur und Gesellschaft nicht zerstört, sondern erhalten werden.

Und dafür brauchen wir Zeit – Zeit, die heute von viel zu langen Erwerbsarbeitszeiten besetzt wird. Und noch dazu sind dies vielfach Zeiten, in denen extrem viel CO_2 mit-produziert wird, die also ökologisch ganz unverträglich sind. So geht aus der sozio-ökonomischen Input-Output-Rechnung für das Jahr 2000 hervor, dass fast 80% des CO_2-Ausstoßes dieses Jahres in der Bundesrepublik Deutschland, die auf Aktivitäten der Menschen beruhten (bezahlte Arbeit, unbezahlte Arbeit, persönliche Aktivitäten und Qualifikation), durch bezahlte Arbeit, d.h. durch Erwerbsarbeit, erfolgten (vgl. Stahmer 2007: 29). Weil Frauen vor allem im Dienstleistungsbereich und in der unbezahlten Arbeit tätig sind, sind sie im Übrigen viel ökologischer als Männer. Ihr Anteil am CO_2-Ausstoß liegt bei knapp einem Drittel (ebd.). Daraus den Schluss zu ziehen, Frauen seien die »ökologisch besseren Menschen«, ist natürlich Unsinn – aber die Zahlen verweisen darauf, dass die sorgenden und pflegenden Arbeiten, die ja den Kern der unbezahlten Arbeit (und oft auch der Dienstleistungsarbeit) ausmachen, viel naturverträglicher (weil arbeitsintensiver) sind als die industrielle kapitalintensive männliche Erwerbsarbeit.

Um es zu wiederholen: Wir brauchen Zeit für den Umbau, wir brauchen Arbeitszeitverkürzung. Aber das ist nur *eine* Dimension des Problems – die quantitave. Vor allem geht es jedoch bei der Diskussion des Verhältnisses von Arbeitszeitverkürzung und Ökologie um Qualitäten – um sozial-ökologische Qualitäten von Arbeitsprozessen und Arbeitsprodukten. Denn die Transformation unserer Gesellschaft in eine nachhaltige Wirtschafts- und Lebensweise bedeutet, ganz andere Qualitäten herzustellen – Qualitäten, die nicht natur- und sozial-zerstörerisch hergestellt werden. Um mit CO_2 als Indikator zu argumentieren: Es geht um Arbeitsprozesse, die in ihrem Verlauf und in ihrem Ergebnis das CO_2-Halbierungsziel bis 2050 erreichbar machen. Dazu ist nicht nur eine Reform der Erwerbsarbeit und ihrer Zeit nötig, sondern – wie das Zitat von André Gorz schon andeutete – auch Zeit für Mitmenschen, für die Natur, für eigene Arbeit, für Lektüre. In den Begriffen

Kürzer arbeiten – besser für die Umwelt

der aktuellen Arbeitsdebatte heißt das: Zeit für Sorge-Arbeit und bürgerschaftliches Engagement, für Eigenarbeit, für Muße. Das erfordert ein umfassendes Arbeitskonzept: Es geht um dieses »Ganze der Arbeit«, von dem Erwerbsarbeit nur ein Teil ist.

Die These lautet: *Wir haben keine Zeit mehr für so lange Erwerbsarbeitszeiten, denn wir haben so viel anderes zu tun! Wir können uns die langen Erwerbsarbeitszeiten nicht mehr leisten!*
Hinzuzufügen ist, dass wir sie auch nicht mehr nötig haben.

Um diesen Zusammenhang zu verdeutlichen, werden einige ökonomisch-theoretische Gedanken entwickelt. Dies erfolgt in drei Schritten, an deren Ende deutlich werden wird, wozu wir die freigesetzte Zeit benötigen, wenn wir nachhaltig(er) werden wollen. Des Weiteren werden die zeitlichen Transformationsprozesse zu einer nachhaltigen Gesellschaft skizziert und gezeigt, dass es dafür schon Beispiele gibt.

2. Arbeit, Arbeitszeitverkürzung und Ökologie – heute

Das ökonomische System unserer Industriegesellschaft ist linear, als eine Art »Durchflussökonomie«, organisiert (vgl. Abb. 1a): In den Produktionsprozess fließen Naturstoffe ein, die dort mithilfe von Arbeit und Kapital zu Waren verarbeitet werden. Diese fließen als Konsumgüter zu den Haushalten bzw. bleiben als Investitionsgüter im Produktionssektor. Die Abfälle sowie die anderen mitproduzierten Produkte (so genannte Kuppelprodukte) wie z.B. CO_2 fließen zurück in die Natur.

Woher die Rohstoffe kommen, wie sie entstehen, welchen Einfluss die Abfälle und die anderen Kuppelprodukte darauf haben: dafür interessiert sich die Ökonomie der Industriegesellschaft nicht. Ihr Zu- und Abfluss von Faktoren der Produktion und von Produkten ist über Märkte organisiert – solange diese Rohstoffe liefern und Abfälle abnehmen, scheint alles in Ordnung zu sein. Schon gibt es Märkte für CO_2-Lizenzen…(vgl. zu der streitigen Diskussion die Beiträge von Kopp und Hänggi in der Politischen Ökologie Nr. 106-107, Sept. 2007). Was nicht marktfähig ist, wird auch nicht erfasst.

Diese Ökonomie kümmert sich nicht um die Wiederherstellung der verbrauchten und beschädigten Natur. Ihre Arbeitsprozesse sind ohne Gespür für das Wiederherstellen der produktiven Kräfte der Natur organisiert – ohne Gespür für die Reproduktion. Ihre Rationalität ist die des Gewinns, nicht die des Erhaltens. (Das gilt im Übrigen auch für die andere zentrale produktive Kraft – die menschliche Arbeitskraft. Sie wird am Markt gekauft,

Abb. 1: Arbeit im Industrieökonomischen Modell und im Physischen Reproduktionsmodell (Gegenüberstellung)

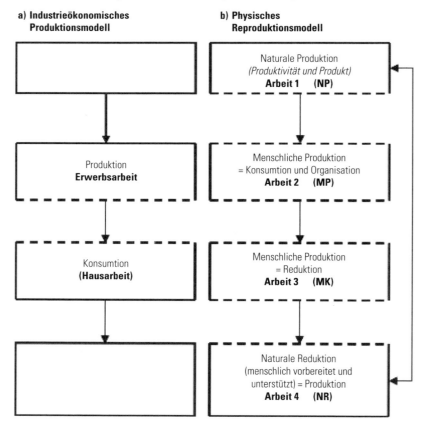

und wenn sie nicht mehr gebraucht wird, diesem zurückgegeben. Und ist sie unverkäuflich, landet sie und die Verantwortung für ihren Erhalt bei den Haushalten.) Die Ursprünge und die Folgen der Produktion werden auf diese Weise ausgeblendet und ausgelagert. Wir ÖkonomInnen sagen: Sie werden externalisiert. Das Wachstum, auf das dieses System ausgerichtet war und ist, war somit nur auf Kosten von Ökologie und Sozialem möglich. Die Illusion, dieses Problem ließe sich innerhalb dieses Systems bei Wachstumserhalt lösen, hält sich bis heute – sie kommt im Begriff des »nachhaltigen Wachstums« zum Ausdruck. Und eine andere Illusion ist ebenfalls zählebig: die der Vollbeschäftigung durch Wachstum. Aber diese Vollbeschäftigung,

Kürzer arbeiten – besser für die Umwelt

wie wir sie kannten, wird es nicht mehr geben – sie war eine historische Phase, nicht mehr und nicht weniger. Die dem industrieökonomischen System immanente Produktivitätssteigerung selbst verhindert sie. Dass das aber als Problem und nicht als Erfolg bewertet wird, liegt daran, dass die Gesellschaft nicht in der Lage ist, auf diese Entwicklung kreativ zu reagieren. Was ist damit gemeint?

Als Arbeit wird in diesem System ausschließlich bezahlte Tätigkeit zur Produktion von Waren und Dienstleistungen verstanden. Anders ausgedrückt: Arbeit ist nur Erwerbsarbeit. Die in den Haushalten geleistete Arbeit – Hausarbeit, Familienarbeit oder, allgemeiner, Sorge-Arbeit – gilt als Nicht-Arbeit und ist unbezahlt. Ebenso wie die freiwillige Arbeit an der Gesellschaft, das bürgerschaftliche Engagement und Eigenarbeit, Arbeit für sich selbst (worüber z.B. die Abhängigkeit von Konsumgütern verringert wird).

Diese Erwerbsarbeit ist heute aufgrund ihres industrieökonomischen Charakters zwangsläufig nicht ökologisch. Die eingangs angegebenen Zahlen zu ihrem Anteil am CO_2-Ausstoß aller Tätigkeiten sind ein Hinweis darauf. Eine Arbeitszeitverkürzung, so könnte argumentiert werden, senkt diesen Ausstoß und ist von daher ökologisch »gut«. Dann müssten wir – konsequent aus dieser Perspektive – diese ganze Arbeit einstellen.

Das geht aber nicht, denn als Menschen müssen wir arbeiten, um unsere Lebensmittel herzustellen – und wir wollen auch arbeiten, denn so verdienen wir Geld, beteiligen wir uns an gesellschaftlichen Prozessen, werden in die Gesellschaft integriert, erhalten Anerkennung. Diese Arbeit gehört daher nicht abgeschafft, sondern sie muss verändert werden – quantitativ und qualitativ.

Ein anderer Einwand betrifft die alternative Zeitverwendung in diesem linearen System: Wird die freie Zeit für »umweltintensive« Konsumtion eingesetzt – z.B. für lange Flugreisen –, so ist für die Ökologie gar nichts gewonnen. Auf der Erde wird CO_2 gespart – in der Luft wird es hingegen weit umweltschädlicher produziert. Soll die Zeitverschiebung zugunsten des Konsums ökologisch positive Folgen haben, so gilt es offenbar auch, diesen Konsum quantitativ und qualitativ zu verändern.

Allerdings ließe sich auch eine andere Wirkung denken: dass nämlich die durch die Erwerbsarbeitszeitverkürzung gewonnene Zeit für mehr Hausarbeit genutzt wird. Männer (denn vor allem für sie gälte diese Arbeitszeitverkürzung, da sehr viele Frauen schon Teilzeit arbeiten) würden z.B. täglich eine Stunde mehr Hausarbeit leisten. Das würde nicht nur ihren CO_2-Ausstoß senken, sondern die Frauen, die heute noch weitgehend diese Arbeit leisten, entlasten und ihnen die Möglichkeit zur Erwerbsarbeit geben. Das wäre zwar geschlechtergerecht, bliebe jedoch die industrielle Erwerbsarbeit unverändert Teil dieses linearen Systems, wäre damit für die Ökologie nichts gewonnen. Um bei unserem Indikator zu bleiben: Der CO_2-Ausstoß der Frauen würde steigen – und wir stünden wieder am Anfang unseres Problems. (Auch für das Soziale wäre so nichts gewonnen. Denn: »Werden die Frauen nur ebenso unerbittlich in die Produktionsmaschine eingespannt wie die Männer, dann droht ein flächendeckender Familienkollaps.« (Susanne Gaschke in: ZEIT Nr. 43, 18.10.2007).

So geht es also nicht – wie aber dann? Offenbar nur mit einer qualitativ veränderten Ökonomie. Hinweise für die Veränderungsrichtung haben wir schon – es geht um die bewusste Berücksichtigung der Natur. Denn unbewusst ist sie ja immer dabei – und wird durch die ökonomischen Prozesse ständig verändert, ausgebeutet, ge- und zerstört. Wollen wir einen nachhaltigen Entwicklungsweg einschlagen, so gilt es jedoch, diese Veränderung bewusst vorzunehmen, d.h. die Nutzung der Produktivität der Natur und deren Wiederherstellung (Reproduktion) mit in die ökonomischen Pläne einzubeziehen. Und die der menschlichen Arbeitskraft ebenfalls – beides gehört zusammen, wenn es um Nachhaltigkeit geht.

Was kann das heißen? Und was bedeutet das für das Arbeitskonzept? Und schließlich: Welche Rolle spielen hier Arbeitszeiten und deren Verkürzungen?

3. Arbeit, Arbeitszeitverkürzung und Ökologie – aus der Perspektive der Reproduktion

Das Modell, an dem ich diese Fragen diskutieren möchte, trägt den Titel »physisches Reproduktionsmodell« (vgl. Immler/Hofmeister 1998). Das bedeutet, dass es die physisch-ökologische Dimension des Produktionsprozesses in den Mittelpunkt stellt – und dass es Herstellung mit Wiederherstellung, Produktion mit Reproduktion verbindet.

Seine Qualität wird in der Gegenüberstellung mit dem industrieökonomischen Modell deutlich (vgl. Abb. 1b): Es schließt in den ökonomischen Prozess die Phasen der natürlichen Produktion (der Herstellung von Rohstoffen durch die Natur) und der natürlichen Reduktion (der Verarbeitung der »Restposten« menschlicher Produktion und Konsumtion durch die Natur zu neuen Rohstoffen und zur Wiederherstellung der eigenen Produktivität) mit ein. Die natürliche Produktion läutet sozusagen die Sache ein: Denn noch bevor der menschliche Produktionsprozess beginnt, hat die Natur schon viel hergestellt – menschliche Produktion heißt dann, diese Produkte für die menschliche Bedürfnisbefriedigung umzuformen.

Kürzer arbeiten – besser für die Umwelt

Aber das physische Reproduktionsmodell unterscheidet sich nicht nur durch ein bloßes Hinzufügen dieser beiden Phasen: Da das »Produktionssystem Natur« sowohl am Beginn als auch am Ende steht, ist der ökonomische Prozess hier nicht mehr linear, sondern zyklisch. Das drückt der Rückkopplungspfeil in Abb. 1(b) aus. Und da die Natur sich in ihrem Regenerationsprozess nie gleich herstellt, sondern qualitativ verändert, ist Entwicklung inbegriffen, geht es eher um eine Spirale denn um einen gleich bleibenden Kreis. Denn das Ergebnis der natürlichen Reduktion ist neue und meist leicht veränderte Produktivität – Naturproduktivität, auf deren Grundlage der menschliche Produktionsprozess von neuem beginnen kann. Und dieser Prozess steht jetzt doppelt da: als Konsumtion von Naturstoffen im Arbeitsprozess und als dessen Organisation. Die dann folgende menschliche Konsumtion ist aus dieser physisch-ökologischen Perspektive der Beginn der Auflösung der Produkte – der Reduktion.

Und jetzt wird auch deutlich, dass es nicht nur um Quantitäten, sondern vor allem um Qualitäten geht: Damit durch die natürliche Reduktion wieder Naturproduktivität entstehen kann, müssen die in die Natur zurückgegebenen Stoffe zu ihr passen – müssen sie von ihr verarbeitbar sein. Das heißt etwa, dass sie nur bedingt giftig sein dürfen – angepasst an die Verarbeitungsfähigkeit der Natur. Das heißt auch, dass die Menge dieser Stoffe pro Zeiteinheit begrenzt ist. Und es bedeutet schließlich, dass die Zeiten, die die Natur zu deren Verarbeitung und zu ihrer Regeneration braucht, berücksichtigt werden müssen.

Diese qualitative Anforderung zieht sich durch alle Phasen des Prozesses: Schon bei der Produktion der Güter gilt es, solche naturverträglichen Qualitäten herzustellen. Das gleiche gilt für den Konsumtionsprozess: Fliegen ist eben nur naturverträglich, wenn es selten oder gar nicht geschieht – es sei denn, die Qualität des Flugzeugs und damit der Transportleistung wird total verändert. Gesucht wird eine zur Natur »konsistente« Wirtschafts-, Arbeits- und Lebensweise.

Was bedeutet diese Art der Betrachtung für das Konzept von Arbeit? Arbeit ist in diesem Verständnis von Ökonomie vielfältig (vgl. Biesecker/Hofmeister 2001): Sie umfasst alle Tätigkeiten, die an diesem Reproduktionsprozess teilnehmen. Gemäß den vier Phasen dieses Prozesses lassen sich vier Arten des Arbeitens unterscheiden:

- Arbeit 1: Unterstützung der natürlichen Produktionsprozesse durch sorgende und pflegende menschliche Arbeit, durch kluges Begleiten der Naturprozesse, z.B. in der ökologischen Land- oder Waldwirtschaft, in der Gartenarbeit, überhaupt in der Arbeit für »nachwachsende Rohstoffe«, in Arbeiten im Rahmen von Stadtökologie oder der Pflege von Bioreserva-

ten, in den Tätigkeiten zur Konversion ehemaliger Truppenübungsplätze in Naturgelände (50% dieser Flächen werden zu diesem Zweck dem BUND übereignet).
- Arbeit 2: Produktive Umwandlung der Naturstoffe in für die menschliche Bedürfnisbefriedigung nützliche Produkte und Dienstleistungen.
- Arbeit 3: Produktive Weiterverwandlung bzw. direkte Verwendung dieser Produkte und Dienstleistungen für menschliche Lebensprozesse. In dieser Art der Arbeit spiegeln sich alle privaten Lebensprozesse der Menschen und ihrer Familien, spiegeln sich die verschiedenen Lebensstile.
- Arbeit 4: Arbeit, die den natürlichen Reduktionsprozess begleitet, ihn unterstützt und schützt, ihm seine Zeit lässt (Daly spricht hier von »Investition des Wartens«; vgl. Daly 1999: 117). Beispielsweise Arbeit in der ökologischen Abfallwirtschaft, in der Verwandlung von Abraumhalden im Ruhrgebiet oder in Ostdeutschland in neue Naturlandschaften, im Aufbau von Humus ...

Dieses »Ganze der Arbeit« gilt es, in den Blick zu nehmen, wenn wir über eine nachhaltige Gesellschaft nachdenken. Und es gilt, sie im kooperativen Bezug aufeinander zu gestalten, damit ein ökologisch und sozial »gutes« Produkt in ökologisch und sozial »guten« Arbeitsprozessen entstehen und verwendet werden kann. Dabei sind Arbeit 1 und 4 neu. Sie haben in der heutigen Ökonomie keinen Platz, da die entsprechenden Phasen nicht als Teil der Ökonomie verstanden werden. Daher werden sie dort, wo es sie schon gibt (etwa eben bei der Pflege von Natur durch den BUND), meist ehrenamtlich geleistet. Arbeit 2 und 3 dagegen sind uns schon aus unserer heutigen Ökonomie bekannt: in den Formen der Erwerbsarbeit und der Hausarbeit (vgl. Abb. 1a); letztere ist jedoch nicht anerkannt und nicht bewertet als Arbeit. Vom Standpunkt des physischen Reproduktionsprozesses jedoch sind die heutigen Unterschiede in der Bewertung und die geschlechtsspezifischen Zuordnungen und Hierarchien nicht gerechtfertigt. Von diesem Standpunkt aus gibt es überhaupt keinen Grund für Abwertungen sorgender Tätigkeiten und für geschlechtsspezifische Wertehierarchien. Mehr noch: Abwertungen und Wertehierarchien sind ein Hindernis für die Ausgestaltung dieses gesellschaftlichen Prozesses. Denn hier werden gleiche Erfahrungen, Kommunikation über Werte, Diskurse über den für alle offenen Weg hin zur Nachhaltigkeit gebraucht – das ist nur auf der Basis eines paritätischen Geschlechterverhältnisses möglich.

Was heißt das nun für die Arbeitszeiten – und für unser Thema, das Verhältnis von Arbeitszeitverkürzung und Ökologie? Es heißt zunächst, dass es viele Arbeiten und damit viele Arbeitszeiten gibt. Da Frauen und Männer heute schon für die beiden Tätigkeiten Erwerbsarbeit (einschließlich

Kürzer arbeiten – besser für die Umwelt

Ausbildung und Fahrten zum Arbeitsplatz) und Hausarbeit (einschließlich Kinderbetreuung) 89 Stunden (Frauen, davon 40,7 Stunden Erwerbsarbeit) bzw. 85,4 Stunden (Männer, davon 51,4 Stunden Erwerbsarbeit) pro Woche im Durchschnitt aufwenden (vgl. www.soziologie.uni-nürnberg.de), liegt es auf der Hand, dass hier gekürzt werden muss. Und da, wie die aktuellen Debatten um die Verbesserung der Lebenssituation von Kindern und von alten Menschen zeigen, die sorgenden Tätigkeiten eher zunehmen werden, ist eine Verkürzung der Erwerbsarbeitszeit (in unserem jetzigen Modell: Arbeit 2) unumgänglich (vgl. zur Frage der Umsetzbarkeit Seifert in diesem Band).

Wir haben heute eine so hohe Arbeitsproduktivität erreicht, dass wir so lange Arbeitszeiten gar nicht mehr brauchen! Positiv formuliert: Die Industriegesellschaften haben sich im vergangenen Jahrhundert so viel freie Zeit erarbeitet, dass eine Verkürzung der Erwerbsarbeitszeit historisch längst überfällig ist. Man könnte sagen: Diese freie Zeit ist eine »Frucht des Fortschritts« in diesem System. Und wie geht die Gesellschaft damit um – wie verteilt sie diese Frucht? Sie schiebt sie einseitig einer Gruppe zu – den Arbeitslosen, und verwandelt so den Bonus in einen Malus – und sie diskutiert die Verlängerung der Arbeitszeiten für die anderen. Wie unklug und wie ungerecht. Und wie unökologisch – denn diese freie Zeit kann gut für die Entwicklung von Arbeit 1 und Arbeit 4, für die Umwandlung von Arbeit 2 und für die Ausdehnung und qualitative Weiterentwicklung von Arbeit 3 genutzt werden. Und für Muße! (Zur Arbeitszeitverkürzung konkret vgl. Stahmer 2007.)

Dies ist also *ein* Grund für die Verkürzung der überkommenen Erwerbsarbeitszeit – die Vielfalt der Arbeiten. Aber es gibt noch einen *zweiten* Grund: Die verschiedenen Arbeiten 1 bis 4 haben unterschiedliche Rhythmen. Arbeit 1, 3 und 4 begleiten Lebensprozesse – Lebensprozesse der menschlichen und nicht-menschlichen Natur. Diese verlaufen nicht linear wie die industrielle Erwerbsarbeitszeit, sondern in Lebens- und Regenerationsrhythmen. So braucht der Humus Zeit, um aus den Abfällen des Gartens zu entstehen. Erst nach einem monatelangen »Reifungsprozess« kann er als neue Produktivität auf die Beete verteilt werden.

Auch Menschen leben in jahreszeitlichen und anderen Rhythmen. So werden z.B. alte Menschen häufiger krank und müssen gepflegt werden. Wie geht die Gesellschaft mit solchen nicht-linearen Prozessen um? Gegenwärtig tut sie sich schwer damit: Für die Pflege von Angehörigen sollen gerade mal zehn Arbeitstage unbezahlt zur Verfügung gestellt werden. Ist das nachhaltig? Sicher nicht. Also: Wie lässt sich das alles besser, d.h. sozial und ökologisch verantwortlich, koordinieren? Diese Koordinierung ist zentral, um aus den vier verschiedenen Arten des Arbeitens ein Ganzes zu machen. Ein Ganzes, welches den qualitativen Anforderungen eines das »Produktionssystem Natur« erhaltenden ökonomischen Prozesses gerecht wird.

Diese Gestaltungsaufgabe machen die waagerechten Pfeile in Abb. 1b deutlich. Wie werden die verschiedenen Arbeiten zu einem »kooperativen Ganzen«, das den Naturprozess klug begleitet? Mehr noch: das in der Lage ist, als Kuppelprodukt menschlicher Produktion eine Natur »herzustellen«, die dauerhaft produktiv ist? Diese Kooperationsaufgabe braucht selbst Zeit – Zeit zum Wahrnehmen der Prozesse, zum Verstehen, zum Lernen, zum Verständigen, zum Ausprobieren. Und zur Klärung der Frage: »Welche Natur wollen wir?« Dass diese Frage nicht »verrückt« ist, sondern zentral für Nachhaltigkeit, d.h. für die Möglichkeit einer dauerhaften lebenswerten Existenz der Menschen auf dieser Erde – diese Erkenntnis hat die aktuelle Klimadebatte in vielen Köpfen verankert.

Und *drittens* ist die Erwerbsarbeitszeitverkürzung wichtig, um allen Bürgerinnen und Bürgern zu ermöglichen, sich an allen verschiedenen Arbeiten zu beteiligen. Diese Optionen allen zu eröffnen, ist nicht nur eine Frage der Gerechtigkeit, sondern eine ökologische Notwendigkeit für eine Gesellschaft, die sich auf den Weg zur Nachhaltigkeit macht. Denn die Erfahrung in den verschiedenen Bereichen schafft erst die gemeinsame Grundlage für die Weiterentwicklung der Gesellschaft und ihrer Arbeitsprozesse. Hier der lebenslange Vollzeit-Erwerbsarbeiter – dort die lebenslange Hausfrau – zwischen diesen Menschen ist Verständigung über zukunftsfähige Entwicklungen aufgrund der einseitigen Erfahrungen kaum möglich. Unternehmen haben das schon verstanden und schicken ihre Manager in soziale Projekte, um soziale Kompetenz zu lernen (z.B. im Projekt »Seitenwechsel«). Weshalb schicken sie sie nicht nach Hause zur Pflege der alten Mutter und holen stattdessen während dieser Zeit die Frauen in die Betriebe? »Weil sie das nicht können«, lautet sicherlich gleich die empörte Antwort – und die Männer? Können die pflegen?

Hier wird ein weiteres Gebiet deutlich, wofür Zeit nötig ist: zum Lernen. Aber nicht nur die einzelnen müssen lernen – die ganze Gesellschaft ist dazu aufgefordert. »Wir müssen wieder lernen, die Natur zu lieben«, sagte Hubert Weinzierl, Kuratoriumsvorsitzender der Deutschen Bundesstiftung Umwelt (DBU), bei der Verleihung des Deutschen Umweltpreises. Ja! Wer die Natur nicht kennt, ist kaum dazu zu bewegen, sie zu schützen. Gesellschaftliches Lernen für eine nachhaltige Gesellschaft ist nötig. Der Weg dorthin ist offen und unbekannt und lässt sich nur in einem solchen gemeinsamen Lernprozess gehen. Dabei gilt es im Übrigen auch, sich mit dem Problem des Nicht-Wissen-Könnens, der prinzipiellen Nicht-Wissbarkeit auseinanderzusetzen. Wir werden nie alles über die komplexen natürlichen Evolutionsprozesse wissen können. Doch wie gehen wir damit um?

Zwischenbilanz

Die Integration des »Produktionssystems Natur« in den ökonomischen Prozess offenbart eine Vielzahl von Arbeiten, die es zu leisten gilt, wenn – und das ist die Anforderung aufgrund der die Natur zerstörenden Wirkungen des industrieökonomischen Systems – dieses Produktionssystem, diese Naturproduktivität, erhalten bleiben soll. Und die produktiven Fähigkeiten der Menschen ebenfalls. »Wir brauchen eine Zeitökologie, die (auch, A.B.) die soziale Umwelt schützt«, schreibt Susanne Gaschke im o.g. Artikel. In der Tat: Soziale und ökologische Anbindung der Ökonomie gehören zusammen, wenn wir eine nachhaltige Gesellschaft anstreben. Nachhaltigkeit – das meint eine andere als die bisherige ökonomische Rationalität: eine des Schützens, des Erhaltens, der Vor-Sorge. *Es gibt viel und viel Neues zu tun – eben deshalb haben wir keine Zeit mehr für so lange Erwerbsarbeiten!*

Aber: Wer soll welche Arbeiten ausüben? Wer weist die einzelnen Arbeiten zu? Wie werden die einzelnen Arbeiten bewertet – und wie organisiert? Wie lang sollen die verschiedenen Arbeitszeiten ausfallen? Und wer kümmert sich wie um ihre Koordination? In unserer industriellen Ökonomie lautet die generelle Antwort: der Markt, hier: der Arbeitsmarkt. Der reicht jedoch für den Übergang zu einer nachhaltigen Gesellschaft nicht aus – denn er hat kein Gespür für das Erhalten, für das Reproduktive. Notwendig sind vielmehr neue Prozesse gesellschaftlicher Regulierung – einer Regulierung, die dem Prinzip »Erhalten im Gestalten« folgt. Wie könnte das aussehen?

4. Arbeit, Arbeitszeitverkürzung und Ökologie – in einer nachhaltigen Gesellschaft

Es könnte so aussehen wie in Abbildung 2 (vgl. Biesecker/Hofmeister 2006: 166). Diese Skizze stellt ein gemäß meinen bisherigen Ausführungen konsequent weitergedachtes Modell einer nachhaltigen Gesellschaft, ihrer Arbeit und ihrer Regulationsordnung dar. Das produktive System ist durch die Einheit der aus dem physischen Reproduktionsmodell übernommenen vier Phasen bestimmt. Es sind alles Produktionsphasen – die Trennung zwischen Produktion und Konsumtion, zwischen Produktion und Reproduktion ist aus dieser Perspektive hinfällig. Deshalb spreche ich von (Re)Produzieren. (Das ist der Versuch, für diese Einheit einen neuen Begriff zu finden, der am Alten anknüpft). Diese vier Produktionsphasen sind zugleich Tätigkeitsräume – mit

Abb. 2: Arbeit in einer nachhaltigen Gesellschaft

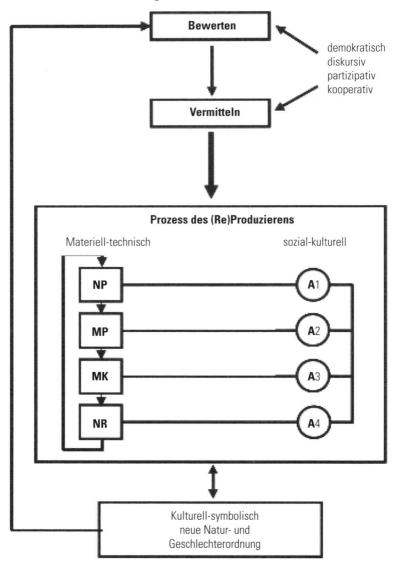

Kürzer arbeiten – besser für die Umwelt

den je spezifischen Arbeitsinhalten, -prozessen, -produkten und -zeiten, wie sie oben schon angedeutet wurden. Und mit je spezifischem Verhältnis zur Natur und ihrer Produktivität. Gestaltet und gesteuert wird dieses nachhaltige ökonomische System über einen bewussten Prozess gesellschaftlicher Regulierung, über den sowohl die stofflichen Qualitäten der Prozesse und Produkte und deren soziale Organisation (»Vermitteln« in Abb. 2) sowie deren Bewertungen bestimmt werden. Dieser gesellschaftliche Prozess wird demokratisch, kooperativ, partizipativ und diskursiv gestaltet. Je weiter er entwickelt wird, desto stärker wird auch das zugrunde liegende kulturellsymbolische Muster der Gesellschaft verändert – eine nachhaltige Gesellschaft basiert nicht nur auf einer nachhaltigen Arbeits- und Wirtschaftsweise, sondern stellt eine umfassende neue Kultur mit Gleichberechtigung der Geschlechter und einem neuen Naturverständnis dar.

Nebenbei sei zur Qualität der Ökonomie in dieser nachhaltigen Gesellschaft angemerkt: Im gegenwärtigen industrieökonomischen System ist der ökonomische Raum über Geld definiert und über Märkte koordiniert. Aber Abb. 2 macht deutlich, dass sich dies auf dem Weg zur Nachhaltigkeit verändert: Das Ökonomische verwandelt sich in einen sozial-ökologischen Handlungsraum, für den der Rahmen marktkoordinierter und über Geld gesteuerter Prozesse zu eng ist. Vielmehr gilt es, das Ökonomische bewusst sozial-ökologisch zu verstehen und zu gestalten. Damit wird das Ökonomische in einer nachhaltigen Gesellschaft nicht mehr das sein, was es heute ist.

Die Fragen, die es für eine solche Gesellschaft zu klären gilt, sind vielfältig und umfassend:

- Wie sollen die verschiedenen Arbeiten 1-4 qualitativ und organisatorisch ausgestaltet werden?
- Wie können sie miteinander zu einem »Ganzen der Arbeit« koordiniert werden?
- Welche Natur wollen wir dabei mitgestalten?
- Wer soll die verschiedenen Arbeiten ausführen – wie werden sie verteilt?
- Wie werden die einzelnen Arbeiten bewertet?
- Welche Rolle spielen Arbeitsmärkte? Welche anderen Institutionen lassen sich für die Steuerung der vielfältigen Arbeit entwickeln?
- Wie ist das Verhältnis von Arbeit und Einkommen? Gibt es für alles einen Lohn – oder ist ein Grundeinkommen die bessere Lösung? Oder eine Kombination? Oder etwas ganz Neues?
- Und wie verhält es sich mit der Rolle der Arbeit an der und für die Gesellschaft, die wir heute als »bürgerschaftliches Engagement« oder Freiwilligenarbeit bezeichnen?

- Für unsere Fragestellung zentral: Welche Arbeitszeiten soll es geben – und welche Arbeitszeitmodelle machen die wechselnde Teilnahme an den verschiedenen Arbeiten möglich?
- Und die Muße? Wir haben zwar viel zu tun – aber wir haben auch schon viel getan, sodass wir uns Muße leisten können!

Diese Fragen sind nicht einfach zu beantworten. Sie benötigen einen gesellschaftlichen Verständigungsprozess, in dem es auch viele Konflikte zu lösen gilt, so den Konflikt zwischen denen, die heute hoch bezahlte Spezialisten für lange Erwerbsarbeit sind, und denen, an die ein Teil dieser Arbeitszeit abgegeben werden soll. Da heute insbesondere an hoch bezahlter Erwerbsarbeit Macht hängt, geht es auch darum, diese Macht abzugeben. Konfliktlösung bedarf der Zeit – für Geduld, Gespräche, Mediation. Hier entsteht ein eigenes Arbeitsfeld, für das viel Zeit eingeräumt werden muss.

Wie das anzustrebende »Ganze der Arbeit«, auf dem unser besonderes Augenmerk in dem hier zu bearbeitenden Thema ruht, einmal aussehen wird, wissen wir nicht. Es ist nicht einmal klar, ob sich das in den uns geläufigen Begriffen – Erwerbsarbeit, Sorgearbeit, Eigenarbeit, freiwillige Arbeit für die Gesellschaft bzw. bürgerschaftliches Engagement – beschreiben lässt. Aber es lassen sich Prinzipien zu dessen Gestaltung angeben: Es gilt, alle vier Arbeitsarten sowie die erwähnte Arbeit der Mediation ökonomisch als gleich wichtige Arbeit anzuerkennen, sie Wert zu schätzen und zu bewerten. Dies bedeutet eine radikale Erweiterung des Begriffs der Arbeit, wie er heute gängig ist. Und es gilt, alle arbeitsfähigen Bürgerinnen und Bürger in diesen gemeinsamen Arbeitsprozess zu integrieren: Männer und Frauen, Junge und Alte, ganz unabhängig von ihrem ethnischen oder religiösen Hintergrund. Gebraucht werden sie alle. Gerechtigkeit – einschließlich Generationen- und Geschlechtergerechtigkeit – ist daher nicht nur ein moralisches Anliegen, sondern wird zum unmittelbar ökonomischen Interesse. Sie wird, so ließe sich zugespitzt formulieren, zur Basisressource nachhaltiger Ökonomie (vgl. Biesecker/Hofmeister 2006: 163).

Zur Zeitstruktur dieses »Ganzen der Arbeit« wurde oben (vgl. Abschnitt 3) schon viel gesagt: Sie ist geprägt von der Vielfalt der Zeiten, von Zyklen und Rhythmen. Konkreteres anzugeben, ist kaum möglich. Aber bezüglich der Arbeitszeiten sind zwei Dinge schon klar: Die pro Person verfügbare Lebensarbeitszeit verteilt sich auf alle Arbeitsarten – für die bisherige Erwerbsarbeit, wie sie vor allem in Arbeit 2 durchscheint, bleibt entsprechend weniger Zeit.

Und diese verkürzt sich noch dadurch, dass allen Zeit für Muße bleiben wird. Denn eine nachhaltig wirtschaftende und arbeitende Gesellschaft ist nicht mehr in erster Linie eine Arbeitsgesellschaft, sie ist eher – in Bezug zur Natur und zu den Gesellschaftsmitgliedern – eine Mit-Gestaltungsgesellschaft, eine Mit-Lebensgesellschaft, die sich, ihren Mitgliedern und der Natur ihre Zeiten lässt. »Wirklich reich sind Menschen nur in einer Gesellschaft, die ihnen mehr selbstbestimmte und freie Zeit gibt«, heißt es im neuen SPD-Grundsatzprogramm.

Vom gegenwärtig vorherrschenden industrieökonomischen Konzept, das sozial und ökologisch zerstörerische Wirkungen hat, hin zu einer das Soziale und das Ökologische erhaltenden nachhaltigen Lebens-, Arbeits- und Wirtschaftsweise. Vom engen, auf die Erwerbsarbeit fixierten Arbeitskonzept hin zum »Ganzen der Arbeit« – klingt das nicht allzu utopisch? Ja, es handelt sich um eine Utopie, aber um eine Utopie im Sinne des »überlegten Utopismus« von Ernst Bloch. Damit meint Bloch einen Utopismus, der aufgrund der Einsicht in die vorhandenen Entwicklungen denkend ein »Real-Mögliches« voraus nimmt. Die Einsicht haben wir heute – das Wissen um die sozial-ökologische Unverträglichkeit unseres Wirtschafts- und Arbeitskonzepts. Aber wie steht es mit dem Real-Möglichen? Wie könnten und müssten Transformationsschritte von dem System in Abb.1a zu dem in Abb. 2 aussehen – und wo werden sie schon gegangen? Dabei geht es im Rahmen unseres Themas um Arbeit, Arbeitszeiten und Arbeitszeitverkürzung – um die Transformation der Arbeit.

5. Transformationsschritte und konkrete Beispiele

Ein *erster Schritt* (vgl. zum Folgenden Biesecker 2004) zeichnet sich schon sehr deutlich ab und trifft den Kern unseres Themas: eine radikale Verkürzung der heutigen Erwerbsarbeitszeit. Nur so entsteht Raum für die notwendige Neuverteilung von Arbeit und für die gesellschaftliche Entwicklung der neuen Arbeitsfelder insbesondere in den Bereichen 1 und 4 sowie für freie Zeit.

Dabei gibt es viele mögliche Formen dieser Verkürzung: als tägliche, wöchentliche, jährliche oder lebenszeitliche Verkürzung sowie als längerfristige Freistellung, um anderen Tätigkeiten nachgehen zu können oder müßig zu sein. Konzepte liegen, wie bereits erwähnt, auch schon vor: Sie tragen die Titel »Halbtagsgesellschaft«, »Kurze Vollzeit für alle«, »Arbeitszeitkonten«, »Sabbaticals«.

Auch ein *zweiter Schritt* ist schon offensichtlich: die Umverteilung zwischen der (heute vorwiegend sozial männlichen) Erwerbsarbeit und der (heute vorwiegend sozial weiblichen) Sorgearbeit. Das ist notwendig, um allen die Erfahrung in verschiedenen Arbeitsbereichen zu ermöglichen. Nur so können sie den Gesamtzusammenhang des gesellschaftlichen Produktionsprozesses verstehen, sich darüber austauschen, ihn weiterentwickeln. Und nur so können alle ein Gespür für die Bedeutung des »Reproduktiven«, für Wiederherstellen, Erhalten und Erneuern, bekommen. Diese Umverteilung stockt heute nach zwei Seiten hin: Frauen werden nicht in die »gute« Erwerbsarbeit hineingelassen – und Männer drängeln sich nicht gerade danach, Sorgearbeit zu übernehmen. Über Betriebsvereinbarungen sind dafür schon viele Optionen eröffnet – aber nur wenige Männer nehmen sie wahr. Die neue Familienpolitik setzt hier Anreize insbesondere für gut situierte Familien mit Doppelverdienern.

Erste Erfahrungen zeigen, dass das greift, dass auch Männer vermehrt beginnen, Erziehungsarbeit zu leisten. Solche Anreize müssen auf alle Arbeitenden ausgedehnt und sozial gestaffelt werden. Ein Hindernis ist sicherlich der immer noch große Unterschied zwischen den männlichen und weiblichen Löhnen. Wo der Einkommensverlust des Mannes nicht durch Einkommenszuwachs der Frau kompensiert werden kann, bleibt eben dann doch die Frau zu Hause.

Finanzielle Anreize sind jedoch nur eines unter mehreren Elementen der Umverteilung der Arbeit zwischen den Geschlechtern. Vor allem geht es darum (*dritter Schritt*), die bisher im Schatten der Erwerbsarbeit liegende Sorgearbeit aufzuwerten. Aber wie? Als ein Ansatzpunkt wird aktuell die Integration der Sorgearbeit in die sozialen Sicherungssysteme diskutiert. Kindererziehungszeiten werden schon in begrenztem Umfang anerkannt. Das sichert den Frauen, die diese Arbeit leisten, eine kleine eigene Altersversorgung – wenn denn diese Systeme Bestand haben und nicht durch den weiteren Abbau des Sozialstaates zerrüttet werden.

Eine andere Art der Aufwertung, auch das ist aktuell Diskussionsstoff, kann durch eine umfassende Infrastruktur erfolgen, die Kinderbetreuung durch entsprechende gesellschaftliche Angebote stützt. Wie schwer sich hier die Politik tut, können wir täglich verfolgen – dennoch: Aus der Perspektive der Nachhaltigkeit führt kein Weg vorbei an der großflächigen Ausdehnung von Krippen- und Kindergartenplätzen einschließlich der öffentlichen Finanzierung für die unteren Einkommensgruppen.

Dabei muss nicht alles staatlich sein – schon heute entstehen »sorgende Netze« in Stadtteilen zur Unterstützung von Kindern und Jugendlichen und ihren Familien: Gemeinsam kümmern sich hier Menschen in freiwilligem Engagement, Unternehmen und Verwaltungen um das Aufwachsen dieser jungen Menschen. Sie entwickeln eine neue »Kultur des Aufwachsens« (vgl. Röbke 2004). Solche Netzwerke gibt es auch schon im Bereich der Pflege der Natur, wie das schon angesprochene Beispiel des BUND, der die Verwandlung ehemaliger Truppenübungsplätze in Naturgebiete begleitet, zeigt. Und beispielsweise in Ostdeutschland gibt es solche »pflegenden Netze« bei der Unterstützung der Erholung der durch Bergbau zerstörten Natur. Sorge und Pflege brauchen Zeit. Ein *vierter Schritt* der Transformation hin zu einer nachhaltigen Gesellschaft besteht somit in der gesellschaftlichen Unterstützung solcher Netze und im Zurverfügungstellen solcher Zeiten.

Und diese Zeit wird eben durch die Verkürzung der Erwerbsarbeitszeit ermöglicht. Aber nicht nur die Quantität der Erwerbsarbeit gilt es zu begrenzen, sondern, und das wäre ein *fünfter Schritt*, es geht auch um deren Qualität – um »gute« Erwerbsarbeit im sozial-ökologischen Sinne. Sozial bedeutet z.B. Selbstbestimmung in der Arbeit und Löhne, die gut zum Leben reichen. Ökologisch bieten sich hier Verfahren zur Steigerung der Ressourceneffizienz sowie Kreislaufwirtschaft mit Wiederverwendung der Rohstoffe ebenso an wie ökologische Dienstleistungen, ökologische Modernisierungen, Ausbau von Reparatur und Wartung. Mehr noch: Es gilt, einen neuen Blick auf die hergestellten Güter zu werfen, sie nicht nur als »Produkte«, sondern als »Dienstleistungsbündel« zu verstehen. Dann geht es etwa nicht mehr um die Herstellung von Autos, sondern von »Mobilitätsdienstleistungen«. Verkauft werden nicht Öl oder Strom, sondern »Energiedienstleistungen« wie Wärme und Licht. Was heißt das für Arbeitsprozesse und -produkte? Da gilt es, vieles neu zu erfinden – und dazu brauchen die Menschen auch *während* der Erwerbsarbeitszeit Zeit.

Ein wichtiger Bereich ist die ökologische Landwirtschaft. Viele dieser neuen Arbeitsprozesse brauchen mehr Arbeitskräfte. Und als Basis gilt es, erneuerbare Energien und hier vor allem die Solarenergie zu entwickeln.

Die industrielle Ökonomie verwandelt sich so, auch in ihrem traditionellen Kern, der Arbeit 2, immer stärker in eine Dienstleistungs-, Reparatur- und Wartungsökonomie. Und hier kommt ein *sechster Schritt* des skizzierten Transformationsprozesses ins Spiel: die Kooperation mit Arbeit 3, mit den Tätigkeiten im Konsumtionsprozess. Denn allein, wenn wir nur die Herausforderung annehmen, die Klimaerwärmung im Rahmen von zwei Grad Celsius zu halten, müssen wir unseren ganzen Lebensstil ändern. Welche Produkte und Prozesse ermöglichen einen nachhaltigen Lebensstil? Antworten auf diese Frage können nur im gemeinsamen Suchprozess, der das Fachwissen von Technikern und Ingenieuren mit dem Alltagswissen der Menschen verknüpft, gefunden werden. Experimente in diesem Bereich gibt es schon länger, z.B. in Form von Unternehmensdialogen mit KundInnen zwecks passgenauer Gestaltung ihrer Produkte.

Es geht im bisher als »Konsumtion« bezeichneten Tätigkeitsfeld jedoch noch um viel mehr: Es geht – und das wäre ein *siebenter Schritt* – insgesamt um die Veränderung unseres Lebensstils. Dazu sind gesellschaftliche Bewusstwerdungsprozesse nötig, wie wir einen – vielleicht – gerade erleben: Was brauchen wir wirklich? Wie viel ist genug? »How much is enough?« hat Alan Durning schon 1992 gefragt. Vielleicht sind wir heute so weit, darauf Antworten zu finden. (Hier geht es um das, was die Fachwelt »Suffizienzstrategie« nennt).

All diese Schritte beinhalten viel Neues und handeln dennoch von den Arbeitsarten, die uns heute bestens vertraut sind – von Erwerbs- und Sorgearbeit, von Arbeit 2 und 3. Beim *achten Schritt* dagegen, beim Ausbau der Arbeiten 1 und 4, betreten wir wirkliches Neuland. Auf welche Art und Weise lassen sich die Prozesse der natürlichen Produktion und Reduktion derart einbeziehen, dass sie sowohl genutzt als auch geschützt werden? Es ist ganz offen, welche Arten von Arbeiten hier entstehen und in welcher gesellschaftlichen Form sie organisiert werden können. Als Erwerbsarbeit? Oder Sorgearbeit? Oder bürgerschaftliches Engagement? Oder Eigenarbeit? Oder als Kombination von allen in »Netzwerken für Nachhaltigkeit«?

Oder, oder, oder… Hier wissen wir noch wenig – umso mehr Zeit wird gebraucht für die Beobachtung der Naturprozesse, für Beratungen und Experimente. In der nachhaltigen Waldwirtschaft der Hatzfeld-Wildenburgschen Verwaltung in Crottorf etwa gibt es einen Wald, der völlig sich selbst überlassen bleibt, um langfristig von ihm zu lernen. Es ist ein Lernwald für uns Menschen.

Da bin ich bei einer Grundlage dieses ersten, sich in unserer gesellschaftlichen Realität schon abzeichnenden Schritts der Transformation: der Qualifikation und Weiterbildung. Soll die Teilhabe aller an den verschiedenen gesellschaftlichen Arbeiten konkret ermöglicht werden, sind Lernprozesse als Übergänge nötig. Auch sie brauchen Zeit. Diese Prozesse schon vom Kindergarten an zu organisieren, wäre ein *neunter Schritt*.

Betrachten wir die Gesamtheit dieser neun Schritte, so wird deutlich: Das Leben in einer nachhaltigen Gesellschaft mit ihrem neuen ökonomischen System verläuft im Einklang mit der Natur (es ist, um den Begriff der Fachdebatte zu verwenden, konsistent mit der Natur). Es verläuft daher langsamer, gelassener, »entschleunigt«.

Aber: Wer kann sich das leisten? Ich höre schon das Gelächter der Kassiererin bei Schlecker, der Angestellten im Call-Center, des Mitarbeiters im ambulanten Pflegedienst, all der vielen Arbeitenden, die heute schon bei langen Arbeitszeiten kaum genug zum Leben verdienen. Wie soll das gehen? Es geht nur, wenn dort, wo die Arbeit weiterhin als bezahlte Arbeit geleistet wird, existenzsichernde Löhne gezahlt werden. Löhne sind eben nicht nur Kostenfaktor, sondern auch und vor allem Mittel zum Leben – zu einem

»guten« Leben, wie immer die Menschen das für sich definieren. Die aktuelle Mindestlohndebatte geht da schon in die richtige Richtung. Begleitet werden müsste diese Diskussion jedoch von einer Umverteilungsdebatte. Denn für eine nachhaltige Gesellschaft gibt es keinen Grund für die extremen Einkommensunterschiede, wie wir sie heute haben. Umverteilung von den höheren zu den unteren Einkommensgruppen durch Angleichung der Löhne und Gehälter ist daher unumgänglich.

Und wie sollen die anderen Arbeiten finanziert werden – und wie die Übergänge? Durch eine gesellschaftlich vereinbarte Existenzsicherung – z.B. in Form eines Grundeinkommens. Die Debatte darum ist vielfältig und verläuft quer durch alle politischen Gruppierungen. Sie ist besonders populär, seit der Unternehmer Götz Werner sein Konzept eines bedingungslosen Grundeinkommens öffentlich in Vorträgen vertritt. Wie auch immer genau die Ausgestaltung gedacht wird: Wichtig ist, dass es sich um ein alle Menschen in die Gesellschaft integrierendes Grundeinkommen handelt und nicht um eine Art »Almosen« für diejenigen, die – als so genannte Arbeitslose – nicht mehr gebraucht werden. In einer nachhaltigen Gesellschaft und für den Weg dorthin wird jede und jeder gebraucht. Diese Gesellschaft hat für alle genug zu tun – das Problem der Arbeitslosigkeit gibt es dann nicht mehr.

6. Schlussgedanken

»Wir können uns die langen Arbeitszeiten nicht mehr leisten« – so lautete meine Eingangsthese. Denn wir haben keine Zeit mehr dafür – wir haben genug zu tun, wollen wir den Weg hin zu einer ökologisch und sozial verantwortungsvollen Gesellschaft und ihrer Ökonomie einschlagen. Und die aktuelle Klimadebatte zeigt: Wir haben eigentlich keine Wahl mehr, wir müssen wollen. Und ich bin voller Hoffnung, dass der Weg gelingt.

»Woher nehmen Sie Ihren Optimismus?«, mag gefragt werden. Darauf ist mit Ernst Bloch zu antworten: »Hoffnung ist eben nicht Optimismus. Es ist nicht die Überzeugung, dass etwas gut ausgeht, sondern die Gewissheit, dass etwas sinnvoll ist – ohne Rücksicht darauf, wie es ausgeht.«

Arbeitszeitverkürzung für Ökologie und Soziales, für eine nachhaltigere Gesellschaft ist sinnvoll – meine Hoffnung beruht eben auf dieser Gewissheit.

Literatur

Biesecker, Adelheid (2004): Arbeit und Ökologie – Thesen. In: Scholz, Dieter/ Glawe, Heiko/Martens, Helmut/Paust-Lassen, Pia/Peter, Gerd/Wolf, Frieder O. (Hrsg.): Arbeit in der neuen Zeit. Regulierung der Ökonomie, Gestaltung der Technik, Politik der Arbeit. Ein Tagungsband. Münster: Lit-Verlag, S. 46-59.

Biesecker, Adelheid/Hofmeister, Sabine (2001): Vom nachhaltigen Naturkapital zur Einheit von Produktivität und Reproduktivität – Reproduktion als grundlegende Kategorie des Wirtschaftens, in: Held, Martin/Nutzinger, Hans G. (Hrsg.): Nachhaltiges Naturkapital. Ökonomik und zukunftsfähige Entwicklung. Frankfurt a.M./New York: Campus, S. 154-178.

Biesecker, Adelheid/Hofmeister, Sabine (2006): Die Neuerfindung des Ökonomischen. Ein (re)produktionstheoretischer Beitrag zur Sozial-ökologischen Forschung. Ergebnisse Sozial-ökologischer Forschung Bd. 2. München: oekom.

Durning, Alan (1992): How much is enough? The consumer society and the future of the earth. New York/London: W. W. Norton & Company.

Gaschke, Susanne (2007): Wie wollen wir leben? Unbegrenzt flexibel, ständig verfügbar – das Mantra der Globalisierung hat die Deutschen entnervt. Jetzt brauchen wir endlich Zeit für Entschleunigung, in: DIE ZEIT Nr. 43/2007, S. 3.

Hänggi, Marcel (2007): Erfolg sieht anders aus. Kontra Emissionshandel, in: Politische Ökologie Nr. 106-107 (Klimawandel. Gerechtigkeit im Treibhaus). München: oekom, S. 76-77.

Immler, Hans/Hofmeister, Sabine (1998): Natur als Grundlage und Ziel der Wirtschaft. Grundzüge einer Ökonomie der Reproduktion. Opladen und Wiesbaden: Westdeutscher Verlag.

Kopp, Matthias (2007): Ein grundsätzlich ideales Instrument. Pro Emissionshandel, in: Politische Ökologie Nr. 106-107 (Klimawandel. Gerechtigkeit im Treibhaus). München: oekom, S. 74-75.

Röbke, Thomas (2004): Sorgende Netze durch Bürgerschaftliches Engagement – eine Besichtigung mit Ausblicken in die Zukunft, in: Glück, A./Mangel, H./ Röbke, T. (Hrsg.): Neue Netze des Bürgerschaftlichen Engagements. Stärkung der Familien durch ehrenamtliche Initiativen. Heidelberg und München: Verlagsgruppe Hüthig Jehle Rehen, S. 21-37.

Stahmer, Carsten (2007): Die Halbtagsgesellschaft. Konkrete Utopie für ein sozial nachhaltiges Deutschland. Vortrag am Wuppertal Institut für Klima, Umwelt, Energie am 9.8. 2007 (unveröffentlichtes Manuskript).

Thadden, Elisabeth v. (2007): Über den Tod hinaus. Der Philosoph André Gorz und seine Frau haben sich gemeinsam das Leben genommen. Ein Nachruf, nach einem letzten Besuch, in: DIE ZEIT Nr. 40 (2007), S. 2.

Wiss. Beirat der Bundesregierung Globale Umweltveränderungen (WBGU)

(2007): Welt im Wandel: Sicherheitsrisiko Klimawandel. Zusammenfassung für Entscheidungsträger. Beilage der Politischen Ökologie Nr. 106-107, München: oekom.

Steffen Lehndorff
Kürzer arbeiten – besser für Europa
Arbeitszeit im Standortwettbewerb

1. Phantomschmerzen

Das Werben für längere Arbeitszeiten in Deutschland hat in den zurückliegenden Jahren eine bemerkenswerte Medienpräsenz erlangt – erst seit Kurzem ist es um dieses Thema angesichts der zwischenzeitlich positiven Konjunkturentwicklung etwas stiller geworden. Doch diese Ruhe wird nicht lange andauern. Im Vorgriff auf erneut zu erwartende Konflikte sei deshalb schon einmal festgehalten: Die tatsächlichen Wochenarbeitszeiten von Vollzeitbeschäftigten in Deutschland sind heute so lang wie vor 20 Jahren in Westdeutschland (Abbildung 1).

Interessant ist in diesem Zusammenhang auch eine Betrachtung der Dynamik. Während der zweiten Hälfte der 1980er Jahre waren in Westdeutschland die Arbeitszeiten trotz Wirtschaftsaufschwungs noch zurückgegangen. Sie folgten den tarifvertraglichen Arbeitszeitverkürzungen wie an einem Gummi-

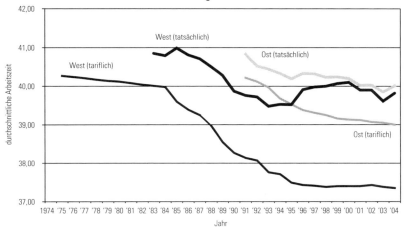

Abbildung 1: Tarifvertragliche und tatsächliche durchschnittliche Wochenarbeitszeiten von Vollzeitbeschäftigten in Deutschland

Quellen: BMWI 2005; Europäische Arbeitskräftestichprobe/IAQ

band. Nach der Rezession 1993/94 begannen sie jedoch zu steigen. Für den Beginn eines Aufschwungs ist dies nicht ungewöhnlich. Das Neue in den 1990er Jahren bestand aber darin, dass die für den Beginn der Wachstumsphase typische Arbeitszeitverlängerung über die gesamte Wachstumsphase des Zyklus hinweg fortgesetzt wurde. Damit korrespondierte der geringe Beschäftigungszuwachs in diesem Zeitraum. Eine ganz leichte Verkürzung der tatsächlichen Arbeitszeiten trat erst mit dem Erlahmen des (ohnehin geringen) Wirtschaftswachstums im 2001 ein, Hand in Hand mit dem Rückgang der Beschäftigtenzahlen. Hier folgte also die Arbeitszeitentwicklung wieder den Marktschwankungen. (Es ist bemerkenswert, dass ausgerechnet zu diesem Zeitpunkt die Diskussion über vermeintlich notwendige Arbeitszeitverlängerungen begonnen wurde – offensichtlich finden die Verfechter marktwirtschaftlicher Prinzipien nichts dabei, die Arbeitszeiten gegen den Markt zu verlängern.)

In Westdeutschland hat sich also in den 1990er Jahren – parallel zur »negativen Lohndrift« – eine »Arbeitszeitdrift« entwickelt. Demgegenüber blieben in Ostdeutschland die tatsächlichen Arbeitszeiten in dieser Periode weitgehend stabil, nachdem sie zu Beginn der 1990er Jahre im Gefolge der tarifvertraglichen Arbeitszeitverkürzungen zunächst gesunken waren. Im Ergebnis näherten sich bis zum Ende des Jahrzehnts die westdeutschen Arbeitszeiten dem höheren ostdeutschen Niveau an – trotz der fortbestehenden Differenz zwischen den tarifvertraglichen Arbeitszeiten von 1,7 Wochenstunden.

Damit gehört Deutschland zu jenen EU-Ländern, in denen die tatsächliche Arbeitszeit (im Sinne der »normalerweise pro Woche gearbeiteten Stunden«) im zurückliegenden Jahrzehnt insgesamt nicht kürzer, sondern länger geworden ist (Abbildung 2). Die tatsächlichen Wochenarbeitszeiten von Vollzeitkräften in Deutschland liegen mittlerweile genau im EU-Durchschnitt. Bei den immer wieder beschworenen »im internationalen Vergleich zu kurzen Arbeitszeiten in Deutschland« handelt es sich ganz offensichtlich um Phantomschmerzen.

Bezeichnenderweise sind die heftigsten Gefechte um die Arbeitszeit in den zurückliegenden ein bis zwei Jahren im öffentlichen Dienst ausgetragen worden, der hinsichtlich seiner Arbeitsbedingungen nun wirklich nicht im internationalen Standortwettbewerb steht. Wenn öffentliche Arbeitgeber – vor allem auf Länderebene – in zukünftigen Tarifrunden ihre Absicht wahr machen könnten, die tarifvertragliche Arbeitszeit auf über 40 Wochenstunden zu verlängern, hätte der deutsche öffentliche Dienst eine fragwürdige europäische Spitzenposition erreicht (Abbildung 3).

Zwischenfazit: Auch Phantomschmerzen müssen ernst genommen werden. Hinter ihnen verbirgt sich gewöhnlich ein tatsächliches Problem. Dieses besteht in einem unter den wirtschaftlichen und politischen Eliten in Deutsch-

Kürzer arbeiten – besser für Europa

Abbildung 2: Gewöhnliche Wochenarbeitszeit (Vollzeit, 1998-2006)

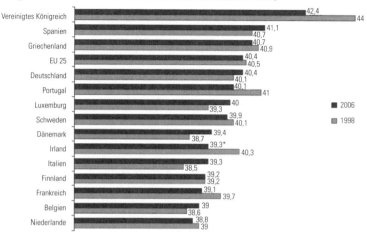

Quelle: European Labour Force Survey/Eigene Berechnungen IAQ
* 2005, Frankreich, Deutschland 2006 vorläufiger Wert

Abbildung 3: Tarifliche und tatsächliche Wochenarbeitszeiten im öffentlichen Dienst

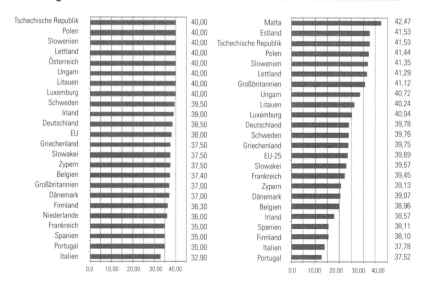

Quellen: Tarifliche AZ: eironline. Tatsächliche AZ: European Labour Force Survey/IAQ (Daten für 2004)

land immer wieder grassierenden Strukturkonservatismus, einer rückwärtsgewandten Reaktion auf neue Herausforderungen.

2. Standortwettbewerb als »race to the bottom«

Insbesondere der Vergleich der Dynamik von Löhnen und Arbeitszeit in Deutschland mit der in den neuen EU-Mitgliedsländern in Mittel- und Osteuropa (»MOE-Länder«) macht darauf aufmerksam, wie rückwärtsgewandt die in Deutschland forcierte Diskussion über die angebliche Starrheit des Tarifvertragssystems und die daraus resultierenden vermeintlich zu hohen Löhne und zu kurzen Arbeitszeiten ist. Sowohl bei den Löhnen (Abbildung 4) als auch bei den Arbeitszeiten (Abbildung 5) ist ein massiver Aufholprozess in den meisten der MOE-Länder zu beobachten. Niemanden wird dies überraschen, und niemand wird dies kritisieren wollen. Aber welche Konsequenzen ergeben sich daraus für die Tarifpolitik in Deutschland? Ausgerechnet für Deutschland mit seinem im internationalen Vergleich ungewöhnlich hohen Exportüberschuss, in dem eine hohe – auch preisliche – Wettbewerbsfähigkeit zum Ausdruck kommt, soll die Zukunft auf den Weltmärkten an sinkenden Stundenlöhnen hängen? Und da ja die Konkurrenz bekanntlich nicht schläft: Sollen jetzt bei uns jedes Jahr die Arbeitszeiten um eine halbe Stunde erhöht werden, bis die Arbeitsbedingungen in Deutschland sich auf halbem Wege mit denen in China treffen?

Eine nach vorne gewandte Sichtweise würde die Potenziale ins Auge fassen, die sich der deutschen Ex-

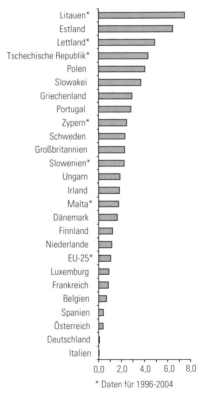

Abbildung 4: Durchschnittliche jährliche Reallohnentwicklung 1995-2004 (EU 25)

* Daten für 1996-2004

Quelle: European Commission (2005), eigene Darstellung

Abbildung 5: Gewöhnliche Wochenarbeitszeiten von Vollzeitbeschäftigten in den MOE-Ländern, 1998 und 2006

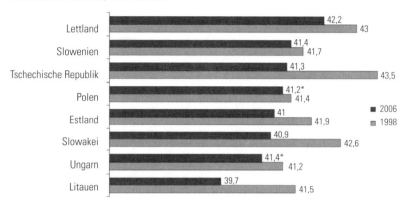

* 2001
Quelle: European Labour Force Survey/Eigene Berechnungen IAQ

portwirtschaft z.B. durch rasch expandierende Märkte in den MOE-Ländern bieten. Häufig wird übersehen, dass Erfolge der deutschen Exportwirtschaft z.B. in Mittel- und Osteuropa auch weiter steigende Arbeitseinkommen in diesen Ländern voraussetzen. Diese Potenziale werden durch eine von Deutschland her ausstrahlende Lohndämpfung in der EU gefährdet (sei es durch die Vordertür wegen stagnierender Löhne oder durch die Hintertür wegen längerer Arbeitszeiten). Entscheidend für die deutsche Exportwirtschaft sind ganz andere Stärken: Qualitätsführerschaft und Produkt- und Prozessinnovationen, getragen von Produktionsnetzwerken und hoher Qualifikation in Deutschland.

Nicht besser bestellt ist es um die Klage über vermeintlich starre Strukturen im deutschen Tarifvertragssystem. Nicht allein, dass dabei die Flexibilisierung insbesondere im Bereich der Arbeitszeitregulierung unbeachtet bleibt, die seit nunmehr 20 Jahren die Tariflandschaft prägt (Abbildung 6). Noch viel bedenklicher ist, dass eine grundlegende Funktion von Flächentarifverträgen völlig unreflektiert bleibt, die jedem Verfechter marktwirtschaftlicher Ordnungen eigentlich vertraut sein sollte: Gleiche Mindeststandards innerhalb einer Volkswirtschaft schaffen Raum für die »Innovatorenrente« der Tüchtigen, während Gelegenheit zum Sozialdumping die faulen Marktteilnehmer belohnt. Dieser Grundsatz wird auch nicht dadurch aufgehoben, dass in anderen Regionen der Welt bislang niedrigere Mindeststandards gelten. Die Beispiele der nordeuropäischen Länder zeigen, dass Flächentarif-

Abbildung 6: Flexible Arbeitszeitarrangements* in europäischen Betrieben

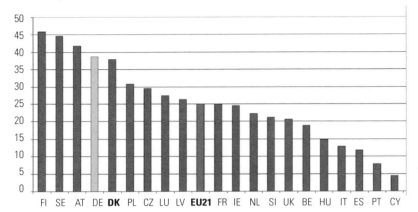

* Möglichkeit, Überstunden durch freie Tage oder Freizeitblöcke abzufeiern
Quelle: ESWT (Angelika Kümmerling, IAQ)

verträge (mit hoher Bindungswirkung!) und wirtschaftlicher Strukturwandel ein Positivsummenspiel ergeben können. Die innere, aber uneingestandene Logik des in Deutschland dominierenden »wirtschaftlichen Sachverstands« zielt dagegen darauf ab, Beschäftigung durch Verlangsamung des Strukturwandels sichern zu wollen. Das mag im Einzelfall – und tatsächlich ist der Mainstream ja auch einzelwirtschaftlich fixiert – durchaus nachvollziehbar sein, aber gesamtwirtschaftlich führt es in die Sackgasse.

Das Argument, der internationale Standortwettbewerb erfordere hierzulande längere Arbeitszeiten, hängt letztlich mit einem Strategiewechsel vieler weltmarktorientierter Unternehmen in Deutschland zusammen. Zwar wurde die Orientierung auf die Erringung von Wettbewerbsvorteilen durch Spezialisierung und Qualitätsproduktion beibehalten, und zugleich wurde in den 1990er Jahren die industrielle Arbeitsproduktivität erheblich durch die Modernisierung und »Ausdünnung« der Produktionsprozesse gesteigert. Doch Hand in Hand damit hat der Druck auf die Arbeitskosten einen immer zentraleren Stellenwert im Handeln des Managements und der Arbeitgeberverbände bekommen.

Dieser Druck wird zum einen unmittelbar in den Kernbereichen der industriellen Produktion ausgeübt, wo erhebliche Anstrengungen auf das »concession bargaining« (»Betriebliche Bündnisse für Arbeit«, Abweichungen von Flächentarifverträgen nach unten) gerichtet werden. Ebenso wichtig ist die Nutzung von Lohndifferentialen gegenüber (häufig outgesourcten) Dienst-

Kürzer arbeiten – besser für Europa

leistungen und gegenüber Zulieferern aus vorgelagerten Teilen der Produktionskette, ob in Mittel- und Osteuropa und Asien oder anderen Ländern, oder im Inland in Bereichen mit geringer Tarifbindung. Mit anderen Worten, die Restrukturierung der Produktionsabläufe wird eng verknüpft mit der zunehmenden Fragmentierung der Arbeitsbeziehungen in Deutschland, die neue Türen geöffnet hat zur direkten oder indirekten (via Arbeitszeitverlängerung) Senkung der Löhne.

Die Positionierung deutscher Unternehmen im internationalen Konkurrenzkampf entwickelt sich damit in eine Richtung, in der wirtschaftlicher Erfolg stärker auf Konkurrenz über die Arbeitskosten und weniger auf der breiten Nutzung und Entwicklung der Innovationspotenziale qualifizierter Beschäftigter beruht. Die Akzente werden verschoben: Im Zentrum der Aufmerksamkeit steht die Verbilligung der Arbeit und nicht die Entwicklung von Arbeitsvermögen, das buchstäblich ein Vermögen für die ganze Gesellschaft sein kann. Dass Deutschland innerhalb der EU heute keinen der vorderen Ränge beim Pro-Kopf-Einkommen mehr belegt, ist Ausdruck dieser Tendenz: »Wirtschaftliches Leistungsniveau pro Kopf und Lohnkosten je Stunde sind eng miteinander verbunden. In Volkswirtschaften mit hohem wirtschaftlichen Wohlstand können auch hohe Löhne gezahlt werden« (Horn et al. 2007: 2).

Mit anderen Worten: Ein Vorrang von Prozess- und Produktinnovationen und des Ausschöpfens und Weiterentwickelns der Qualifikationspotenziale der Beschäftigten könnte mit vergleichsweise hohen Arbeitskosten konform gehen und müsste sogar zum Teil auf ihnen basieren. Die Akzentverschiebung zugunsten der Lohnkostenkonkurrenz dagegen kompensiert – und kaschiert! – für einen gewissen Zeitraum die anhaltenden Versäumnisse im Bereich strategischer Investitionen in das Qualifikationspotenzial dieses Landes.

Die wirkliche Schwäche Deutschlands im »Standortwettbewerb« sind zu geringe öffentliche Investitionen in das Wissen und Können heutiger und zukünftiger Arbeitskräfte – von der Kinderkrippe bis zur beruflichen Weiterbildung. Ich schlage deshalb vor, den Spieß in der Kontroverse um »Arbeitszeiten im Standortwettbewerb« umzudrehen. Das wichtigste wirtschaftliche Potenzial unseres Landes ist das Arbeitsvermögen der Menschen, die in ihm leben. Arbeits*vermögen* ist durchaus wörtlich zu nehmen: Es zu erhalten und zu mehren liegt im individuellen Interesse jedes Menschen. Zugleich ist es aber auch die wichtigste Quelle des Reichtums einer Gesellschaft. Arbeitszeitpolitik kann zur Erhaltung und Mehrung dieses Vermögens maßgeblich beitragen. Zum einen durch gesunderhaltende Arbeitsbedingungen, zu denen nicht zuletzt die Begrenzung der Arbeitszeiten und eine wirksame Kontrolle der Beschäftigten über ihre eigene Arbeitszeit gehört. Zum zweiten durch eine bessere Vereinbarkeit von beruflicher Tätigkeit mit dem Leben außerhalb der Arbeit. Auf dieses Thema gehe ich im Folgenden näher ein.

3. Standortwettbewerb als Anreiz zur Entwicklung und Nutzung von Arbeitsvermögen

Der wichtigste arbeitszeitpolitische Beitrag zum »Standortwettbewerb« wäre eine grundlegende Revision der Art und Weise, wie in Deutschland immer noch mit dem Arbeitsvermögen von Frauen umgegangen wird. Die steuerliche Begünstigung von Stilllegung und schlechterer Bezahlung weiblicher Erwerbstätigkeit ist der größte »Subventionstatbestand« im deutschen Steuerrecht. Worin äußert sich das?

Um mit dem Offensichtlichsten zu beginnen: Teilzeitbeschäftigte in Deutschland haben die kürzesten Arbeitszeiten in der EU, und die ohnehin kurzen Teilzeit-Arbeitszeiten sind in den zurückliegenden Jahren sogar noch kürzer geworden (Abbildung 7).

Abbildung 7: Gewöhnliche Wochenarbeitszeit von Teilzeitbeschäftigten (1998, 2006)

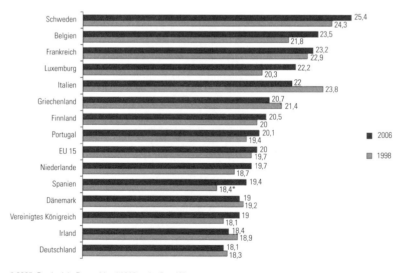

* 2005; Frankreich, Deutschland 2006 vorläufiger Wert
Quelle: Eurostat

Kürzer arbeiten – besser für Europa

Der überwiegende Teil der Teilzeitbeschäftigten sind Frauen – und dies wirkt sich auf ihre Beschäftigungsquote aus. Fast überall in Europa, mit Ausnahme einiger MOE-Länder mit stark zunehmender Erwerbslosigkeit von Frauen, nimmt die Frauenerwerbstätigkeit zu, zum Teil sogar erheblich. Deutschland macht hier keine Ausnahme. Die zunehmende Frauenerwerbstätigkeit kann als eines der grundlegenden Charakteristika der Arbeitsmärkte in Europa bezeichnet werden. Dieser Trend ist langfristig stabil, und er wird auch in Zukunft anhalten.

Nun gibt es aber eine deutsche Besonderheit, die aus Tabelle 1 ablesbar ist: Bezieht man die durchschnittliche Wochenarbeitszeit in den Vergleich mit ein und rechnet die Beschäftigungsquote auf so genannte Vollzeitäquivalente um, ist die Frauenbeschäftigungsquote in Deutschland auf dem Niveau vom Beginn der 1990er Jahre verharrt. Mit anderen Worten: Das Volumen der von Frauen auf dem Arbeitsmarkt geleisteten Stunden *stagniert* in Deutschland seit fast anderthalb Jahrzehnten. Von den besonderen Bedingungen in Polen, Tschechien und der Slowakei abgesehen wird Deutschland in dieser Hinsicht nur von Österreich übertroffen.

Im Ergebnis liegt in Deutschland die Frauenbeschäftigungsquote, gerechnet in Vollzeitäquivalenten, mittlerweile unter dem EU-Durchschnitt und ist kurz davor, von Griechenland überholt zu werden, nachdem Spanien bereits mit Riesenschritten vorbeigezogen ist (Abbildung 8). Deutschlands Strukturkonservatismus übertrifft in dieser Hinsicht also offensichtlich sogar jenen der südeuropäischen Länder.

In Deutschland werden Frauen, die eine berufliche Entwicklung nehmen möchten, die der von Männern vergleichbar ist, immer noch häufig vor die harte Wahl zwischen Kind oder eigenständiger Erwerbstätigkeit gestellt. Kinder zu bekommen, ist für viele Frauen in Deutschland der wichtigste Anstoß zum zeitweiligen Rückzug – ganz oder teilweise – aus dem Berufsleben, und für viele geschieht der spätere Wiedereinstieg in reduzierter Form, also als Teilzeitbeschäftigung oder als Minijob. Dies mindert die finanzielle Eigenständigkeit von Frauen, sie bleiben ein vom (Ehe)Mann finanziell und sozialversicherungsrechtlich »abgeleitetes« Wesen (Abbildung 9).

Falls sich Frauen trotz allem für die Verbindung von Berufstätigkeit und dem Zusammenleben mit Kindern entscheiden, stehen Arbeitszeiten, die sie ihrer Lebenssituation anpassen können, ganz oben auf ihrer Wunschliste. Arbeitszeitpolitik bedarf deshalb eines Perspektivenwechsels: Bislang befasste sie sich v.a. mit der Verkürzung oder Begrenzung der Arbeitszeit von Vollzeitbeschäftigten. De facto waren dies mehrheitlich Männer, und dies trifft – wenn auch in abnehmendem Maße – immer noch zu (Abbildung 10, siehe Seite 88).

Tabelle 1: Frauenbeschäftigungsquote EU25 (1993-2006)

	1993	2006	FTE 1993	FTE 2006	Δ FTE
United Kingdom	60,8	65,8	46,4	51,7	+5,3
Sweden	69,7	70,7	58,5*	61,0	+2,5
Finland	59,5	67,3	53,8*	62,9	+9,1
Slovakia	53,3**	51,9	52,4**	50,2	−2,2
Slovenia	57,1***	61,8	55,6***	60,3	+4,7
Portugal	55,0	62,0	53,1	59,1	+6,0
Poland	51,3 ××	48,2	46,7 ∞	46,0	−0,7
Austria	58,9 ×	63,5	53,4*	49,9	−3,5
Netherlands	52,2	67,7	33,6	42,9	+9,3
Malta	33,1 ♀	34,9	31,7 ♀	31,5	−0,2
Hungary	45,2***	51,1	44,5***	50,2	+5,7
Luxembourg	44,8	54,6	40,8	46,1	+5,3
Lithuania	58,6**	61,0	57,3 ♀	59,5	+2,2
Latvia	55,1**	62,4	53,8**	60,9	+7,1
Cyprus	53,5 ♀	60,3	48,0 ×××	56,7	+8,7
Italy	35,8	46,3	34,3	41,4	+7,1
Ireland	38,5	59,3	33,8	47,1	+13,3
France	51,5	57,7	46,3	50,7	+4,4
Spain	30,7	53,2	28,3	46,8	+18,5
Greece	36,6	47,4	35,5	45,4	+9,9
Estonia	60,3**	65,3	59,5 ××	63,9	+4,4
Denmark	68,2	73,4	58,0	62,5	+4,5
Germany	55,1	61,5	46,4	46,5	+0,1
Czech Republic	58,7**	56,8	58,5 ××	55,3	−3,2
Belgium	44,5	54,0	39,2	45,2	+6,0
EU15	49,7*	58,4	42,3*	48,2	+5,9

Anm.: FTE = Vollzeitäquivalente
* 1995, ** 1998, *** 1996, × 1994, ×× 1997, ××× 1999, ♀ 2000, ∞ 2001

Quellen: Eurostat, Employment in Europe 2005, Employment in Europe 2007

Abbildung 8: Frauenerwerbstätigkeit im Vergleich der EU-15 Länder (Beschäftigungsquote in Vollzeitäquivalenten/FTE), 1993, 2006

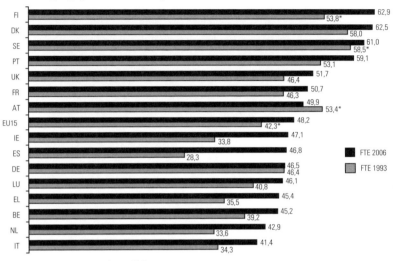

Quelle: European Labour Force Survey/IAQ

Abbildung 9: Einkommensentwicklung im Lebensverlauf bei westdeutschen Frauen nach Zahl der Kinder*

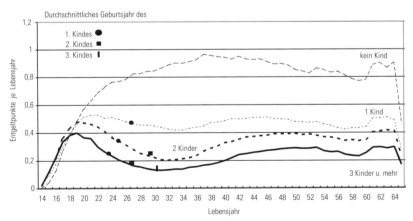

* Durchschnittliche Einkommensentwicklung der Alterskohorten 1936-55, dargestellt in Entgeltpunkten in der gesetzlichen Rentenversicherung.
Quelle: Klammer (2005)

Abbildung 10: Arbeitszeit und Beschäftigung von Männern und Frauen in der EU-25 (2005)

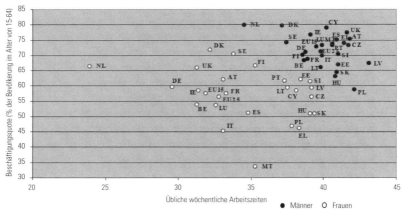

Quelle: Employment in Europe 2006

Selbstverständlich behält die Auseinandersetzung um die Begrenzung der Arbeitszeit ihre Bedeutung. Zukünftig jedoch wird sich Arbeitszeitpolitik zugleich, und gleichrangig, darum kümmern müssen, dass die Rahmenbedingungen für Frauenerwerbstätigkeit so verbessert werden, dass Frauen mit Kindern *länger* arbeiten können und dazu auch ermutigt werden.

Im Zentrum der Bemühungen steht dabei das Institutionensystem – von der Kinderbetreuung über das Steuer- und Sozialversicherungssystem bis hin zur Altenpflege –, das in immer größerem Widerspruch steht zum kontinuierlich zunehmenden Streben von Frauen nach beruflichen Entwicklungsmöglichkeiten, die mit denen für Männer gleichrangig sind. Die Erwerbstätigkeit und die Arbeitszeiten von Frauen werden heute v.a. *indirekt* reguliert: maßgeblich vom Steuer- und Sozialversicherungssystem (Minijobs, Ehegattensplitting u.a.), vom System der Kinderbetreuung, von der Organisation der Grundschulen und von den Einrichtungen und Rahmenbedingungen für die Versorgung pflegebedürftiger Menschen. Für diese indirekte Regulierung werden jährlich zweistellige Milliardenbeträge eingesetzt, was bei den gegenwärtig immer wieder aufflackernden Auseinandersetzungen um die Finanzierung zusätzlicher Krippenplätze für gewöhnlich unbeachtet bleibt. In Wechselwirkung mit einer durchaus noch lebendigen konservativen Familienideologie vollzieht sich die zunehmende Frauenerwerbstätigkeit in Westdeutschland vielfach immer noch in Form einer festen Zuschreibung restriktiver Karriere- und Erwerbsmuster für Frauen. Neben

Kürzer arbeiten – besser für Europa

der Arbeitslosigkeit ist dies die umfangreichste Brachlegung von Arbeitsvermögen in Deutschland.

Unter diesen Voraussetzungen fehlen die materiellen Grundlagen für eine *tatsächliche* Entscheidungsfreiheit über die variable Gestaltung der Lebensarbeitszeit von Frauen und Männern nicht allein im Betrieb, sondern bislang auch weitgehend in der Gesellschaft. Tarifvertraglich verankerte individuelle Variierungs- und Wahlmöglichkeiten wären eine wichtige Unterstützung, doch mit ihrer Hilfe allein ist gegen übermächtige gesellschaftliche Orientierungen und staatlich geformte Institutionen nicht anzukommen. Der Ausweg aus diesem Dilemma kann nur in der Weise gesucht werden, dass Arbeitszeitpolitik als ein weit über die Tarifpolitik hinausreichendes Feld verstanden und praktiziert wird. Ähnlich wie in der Lohnpolitik im Zusammenhang mit der Forderung nach gesetzlichen Mindestlöhnen ist auch in der Arbeitszeitpolitik davon auszugehen, dass Tarifpolitik teilweise der gesetzgeberischen Rückendeckung bedarf, um breitenwirksam bleiben oder werden zu können.

4. Ausblick

Der hier vorgeschlagene Perspektivenwechsel in der Arbeitszeitpolitik hat durchaus Konsequenzen für die Chancen von Vollzeitbeschäftigten, die eigene Arbeitszeit wirksam zu kontrollieren und zu begrenzen oder gar kürzer zu arbeiten. Arbeitszeitpolitik kann heute weniger als in der Vergangenheit auf die Veränderung kollektiver, von den Unternehmen vorgegebener Zeitordnungen abzielen. Mit zunehmender Bedeutung unterschiedlicher *individueller* Zeitpräferenzen kommt es darauf an, zugleich die *gesellschaftliche* Zeitordnung mehr und mehr zu einem Ausgangspunkt von Arbeitszeitpolitik zu machen – auch innerhalb des Betriebs. Die gesellschaftliche Zeitordnung befindet sich keineswegs in heller Auflösung, wie gelegentlich suggeriert wird, sondern sie bleibt in hohem Maße strukturiert: durch den Tag-Nacht-Rhythmus ebenso wie durch die Entscheidung von Menschen, mit anderen Menschen zusammen zu leben. Insbesondere das Zusammenleben mit Kindern stellt die wirkungsvollste Strukturierung dar, die man sich denken kann. Dadurch, dass zukünftig, bei zunehmender Frauenerwerbstätigkeit, Arbeitswelt und Zusammenleben mit Kindern in immer geringerem Maße voneinander abgeschottete Lebensbereiche verschiedener Personengruppen sind, nimmt die Verzahnung zwischen verschiedenen Sphären des Alltags zu. Heute betrifft dies noch vornehmlich Frauen, aber dies wird sich nach und nach, verbunden mit vielen Auseinandersetzungen nicht zuletzt innerhalb der Haushalte ändern. Erst mit derartigen Auseinandersetzungen wächst die Bewusstheit der Zeitordnung. Und eine Gesellschaft, in der eine moderne Arbeitszeitkultur bewusst gelebt wird, entwickelt auch Bedarf an einer neuen, ihr adäquaten Arbeitszeitregulierung.

Literatur

Bispinck, Reinhard (2006): Mehr als ein Streik um 18 Minuten – Die Tarifauseinandersetzungen im öffentlichen Dienst 2006. WSI-Mitteilungen 7, S. 74-381.
Bosch, Gerhard/Haipeter, Thomas/Latniak, Erich/Lehndorff, Steffen (2007): Demontage oder Revitalisierung? Das deutsche Beschäftigungsmodell im Umbruch, in: Kölner Zeitschrift für Soziologie und Sozialpsychologie 59, S. 318-339.
Delsen, L./Bosworth, D./Gross, H./Muñoz de Bustillo y Llorente, R (Hrsg.) (2007): Operating hours and working times: a survey of capacity utilisation and employment in the European Union, Heidelberg.
Esping-Andersen, Gøsta (1999): Social foundations of post-industrial economies, Oxford.
European Commission (2005): European Economy, Statistical Annex, Autumn 2005, Luxemburg.
European Commission (2007): Employment in Europe 2007, Luxemburg.
Gerlmaier, Anja/Schief, Sebastian (2006): Warum weniger mehr ist – zum Sinn oder Unsinn verlängerter Arbeitszeiten, in: Fachbibliothek Nachhaltiges Management/Sozialmanagement: Grundlagen, Methoden, Praxisbeispiele. CD-ROM. Neidlingen, Kap. 02.01.01, 12 S.
Haipeter, T./Banyuls, J. (2007): Arbeit in der Defensive? Globalisierung und die Beziehungen zwischen Arbeit und Kapital in der Automobilindustrie. In: Leviathan 35, S. 373-400.
Horn, Gustav A./Logeay, Camille/Stephan, Sabine/Zwiener, Rudolf (2007): Preiswerte Arbeit in Deutschland. Auswertung der aktuellen Eurostat Arbeitskostenstatistik. IMK Report Nr. 22, Düsseldorf.
Klammer, Ute (2005): Flexicurity aus der Perspektive des Lebensverlaufs, in: Kronauer, Martin/Linne, Gudrun (Hrsg.): Flexicurity: Die Bindung von Sicherheit an Flexibilität, Berlin, S. 249-274.
Kohl, Heribert/Lehndorff, Steffen/Schief, Sebastian (2006): Industrielle Beziehungen in Europa nach der Erweiterung. WSI-Mitteilungen 7, S. 403-409.
Kümmerling, Angelika (2007): Arbeiten, wenn andere frei haben: Nacht- und Wochenendarbeit im europäischen Vergleich. IAQ-Report, Nr. 2007-02, Gelsenkirchen.
Lehndorff, Steffen (2006): Sicherheit anbieten, Vielfalt ermöglichen: über Krise und Reformen der Arbeitszeitregulierung. In: Lehndorff, Steffen (Hrsg.):

Das Politische in der Arbeitspolitik: Ansatzpunkte für eine nachhaltige Arbeits- und Arbeitszeitgestaltung. Berlin, S. 157-194.
Riedmann, A./Bielenski, H./Szczurowska, T./Wagner, A. (2006): Working time and work-life balance in European companies, Establishment Survey on Working Time 2004-2005, European Foundation for the Improvement of Living and Working Conditions, Dublin (http://www.eurofound.eu.int/publications/htmlfiles/ef0627.htm).
Schief, Sebastian (2006): Nationale oder unternehmensspezifische Muster der Flexibilität? Eine empirische Untersuchung von Flexibilitätsmustern aus- und inländischer Unternehmen in fünf europäischen Ländern, in: Lehndorff, Steffen (Hrsg.): Das Politische in der Arbeitspolitik, Berlin, S. 228-248.

Katja Barloschky
Kürzer arbeiten – besser für Männer und Frauen
Arbeitszeitnöte – Arbeitszeitwünsche: Kritische Bestandsaufnahme und Alternativen zur Politik der Angst

Tony Judt, Träger des Hannah-Arendt-Preises für Politisches Denken 2007, skizzierte in einem Workshop am 1. Dezember 2007 in Bremen Thesen zum »Zeitalter der neuen Unsicherheit« und diskutierte mögliche Achsen zur Überwindung einer »Politik der Angst«. Seine mündlich vorgetragenen Überlegungen waren hilfreich für mich bei meinem nicht neuen, aber zusammenfassenden Blick auf die Arbeitsgesellschaft heute. Ihre Entwicklungslinien setze ich ohne jeden Anspruch auf Vollständigkeit oder gar Originalität in einem Parforceritt als Puzzle zusammen. Es entsteht aus einer Skizze von vier Elementen: der Wandel der Arbeit selbst, die Erscheinungen der Beschleunigung, die gesellschaftlichen Folgen einer Ökonomie der Erpressung und die Wirkung alter Leitbilder als Blockade der Modernisierung. Vor diesem Hintergrund folgen abschließend ein paar wenige Stichworte und (keineswegs neue) Ideen zu Alternativen.

Hintergrund und Folie meiner Überlegungen sind Erfahrungen und Erkenntnisse aus langen Jahren in der Arbeitsmarktpolitik und in der Frauenbewegung, in denen ich den Diskurs zur Arbeitsgesellschaft verfolgt habe. Bei der Verschriftlichung des im Dezember 2007 gehaltenen Vortrages beziehe ich mich neben etlichen in diesem Band erschienenen Denkansätzen und Forschungsergebnissen auf verschiedenste AutorInnen aus Wissenschaft, Belletristik, Journalismus und Praxis.

Der wunderbaren und weit über Bremen hinaus bedeutenden Wissenschaftlerin und Professorin Helga Krüger, die im Februar 2008 gestorben ist, widme ich diesen Text.

1. Verdichtet, komplex, anspruchsvoll: »zu viel« Arbeit ist für alle schlecht

Überstunden *en masse*, aber zugleich Massen ohne Arbeit? Massenarbeitslosigkeit bei gleichzeitigem Fachkräftemangel? Jede Menge Arbeit, aber nicht für alle? Der Wandel der Arbeit selbst ist es, der in den Fokus zu rücken ist. Dazu ist viel geforscht und geschrieben worden in den letzten zwanzig Jahren. Trockener Stoff, viel Empirie, Statistik, Theorie. Ich verkürze zu ein paar Kernthesen:

»Schöne neue Welt der Arbeit«. Erwerbsarbeit heute ist komplexer und anspruchsvoller als jemals zuvor. Sie fordert den *ganzen* Menschen. Lange Ketten immer gleicher Arbeitsschritte, die von im Prinzip austauschbaren ArbeiterInnen ausgeführt werden – diese Produktionsweise wird zunehmend ersetzt durch ein individualisiertes Arbeitsmanagement, in dem die Verantwortung für Produktion und Produkt- bzw. Dienstleistungsqualität auf jede/n einzelne/n MitarbeiterIn bzw. kleine, vernetzte und auch in ihrer Zusammensetzung flexible Arbeitsgruppen übertragen wird. Zugleich nehmen im Zuge des Wandels zur Dienstleistungsgesellschaft die Anforderungen an interaktive und kommunikative Kompetenz zu. Im Gegenzug wächst die Beschäftigungsrelevanz der »... als weiblich erwarteten und entsprechend zugeordneten Felder ...« (Krüger 2008).

Die »Entstandardisierung der Erwerbsarbeit« führt zur Ablösung des immer schon vornehmlich männlichen Normalarbeitsverhältnisses durch neue »Biografiemuster« (Beck 1986), in denen der/die ArbeitnehmerIn immer stärker zum/r Ich-UnternehmerIn werden muss. Überblick und Prognosefähigkeit sind gefragt, um das diskontinuierliche berufliche Fortkommen zu planen, rechtzeitig Entscheidungen für die Karriereentwicklung zu treffen, sich weiterzubilden oder umzusteigen auf andere Berufe.

Aus meiner Praxis als Arbeitsmarktexpertin als auch als Arbeitgeberin weiß ich von der Faszination dieser neuen Arbeitswelt zu sprechen. Aber die darin enthaltenen Chancen für Autonomie und Selbstbestimmung können bisher nur wenige wahrnehmen; für fast alle halten diese Anforderungen zumindest auch Zumutungen bereit.

Wer nicht mithalten kann (oder will), ist raus. Den neuen Anforderungen der Wirtschaft sind auf ganz neue Weise viele Menschen nicht gewachsen. Die Trennlinie zwischen GewinnerInnen und VerliererInnen der Erwerbsarbeitsgesellschaft neuen Typs verläuft »entlang der objektiven Ressourcen und der organisatorischen Basis, auf die sich die Individuen stützen können« (Castel 2005). Kriterien wie Geschlecht, Bildung, Krankheit, Alter, Migrationshintergrund, Familienstand werden dabei zu Faktoren der Exklusion am Arbeitsmarkt. Ganze Kohorten von männlichen Jugendlichen drohen beispielsweise – wie jüngste Entwicklungen in Ostdeutschland belegen – angesichts der »strukturellen Verschiebungen zwischen männlich und weiblich stereotypisierten Tätigkeitsfeldern« einerseits und der wenigen »Chancen zur Umorientierung ihres Männlichkeitsbildes« (Krüger 2005) andererseits zu Verlierern der neuen Arbeitswelt zu werden. Die schlechten Beschäftigungschancen für Ältere am bundesdeutschen Arbeitsmarkt sind mittlerweile ebenso Legende wie die systematische Benachteiligung von Menschen mit Migrationshintergrund. Eltern – und in Deutschland ganz besonders Mütter – mit kleinen Kindern werden angesichts mangelnder Betreuungsinfrastruktur ganz offiziell ausgenommen aus der Arbeitsvermittlung. Alleinerziehende zählen gar zu den am stärksten von Arbeitslosigkeit bedrohten »Risikogruppen«. Der Sockel an Frauen und Männern, die von Langzeitarbeitslosigkeit betroffen sind, stagniert trotz konjunkturellem Aufschwung, Wirtschaftswachstum und »aktivierendem« Hartz IV auf bedrohlich hohem Niveau.

Wer Erwerbsarbeit hat, hat »zu viel« davon. Quantitativ und qualitativ. *Quantitativ* weisen die Statistiken zu Mehrarbeit und Überstunden der Arbeitsplatz»besitzenden« auf ein deutliches Phänomen volkswirtschaftlichen Missmanagements hin. So wurden 2007 nach Angaben des Instituts für Arbeitsmarkt- und Berufsforschung (IAB) 1,477 Milliarden registrierte bezahlte Überstunden in Deutschland geleistet:[1] dies entspricht rein rechnerisch einem Beschäftigungsvolumen von einer Million Vollzeitstellen. Auch die bisher immer als amerikanisches Zerrbild wahrgenommene Realität der »zwei, drei, vielen Jobs« wird zunehmend normaler in der bundesdeutschen Arbeitswelt. Menschen zwischen Abhängigkeit von staatlichen Transferleistungen und Niedriglohnbereich kombinieren mehrere Verdienstmöglichkeiten, nicht selten in versteckten »schwarzen und grauen« Arbeitsmärkten, und beweisen dabei übrigens ein weder beachtetes noch in der Arbeitsmarktpolitik als Ansatzpunkt gewürdigtes hohes Maß an Organisationstalent.

Qualitativ macht sich das »zu viel« an verdichteten Arbeitsprozessen, gestiegener Verantwortung am Arbeitsplatz, ständigem Wandel von Anforderungen und Erwartungen sowie immer weiter zunehmendem Tempo fest. Stress und Überforderungssymptome werden zum Normalfall, neue Volkskrankheiten wie Herzinfarkt, chronische Atemwegserkrankungen oder Angstzustände greifen um sich. Seelische Leiden am Arbeitsplatz haben von 1997 bis 2004 um 70% zugenommen.

---

[1] Die zusätzliche Zahl der unbezahlten Überstunden im Jahr 2007 beläuft sich nach Schätzungen der ForscherInnen auf noch einmal so viele.

Ein Zwischenfazit lautet wie folgt: »Zu viel« Erwerbsarbeit für die einen – keine für die anderen: irgendwas stimmt schon lange nicht mehr an der Balance. Die Sachlage ist so komplex wie banal.

2. Hamsterrad: Die entgrenzte Beschleunigungsgesellschaft

Es ist noch gar nicht so lange her, dass Überlegungen zu den Folgen der Beschleunigung in der Arbeitswelt geradezu reflexhaft mit höhnischen Bemerkungen als – je nach ideologischer Schule – »esoterisch« oder »altes Denken« aus dem öffentlichen Diskurs ausgegrenzt wurden. Inzwischen kann davon keine Rede mehr sein. Zu viele Menschen erfahren die Auswirkungen von neuen Geschwindigkeiten am eigenen Leib. Zeitökonomie wird zur Achse sozialer Verhältnisse und politischen Handelns. Hier eine Auswahl des zunehmend Offensichtlichen:

»Ausgefranst«. Die moderne Erwerbsarbeit ist entgrenzt. Sie schwappt in den Feierabend, das Wochenende, den Urlaub. Workaholic – was anfänglich als Managerkrankheit wahrgenommen wurde, wird zunehmend zur Normalität und zum trügerischen Selbstbild der »zukunftsfähigen Arbeitskraft«. Für immer mehr Beschäftigte gilt, dass sie Probleme, Unerledigtes oder Konflikte vom Arbeitsplatz mitnehmen in die eigentlich arbeitsfreie Zeit.

»Allzeit bereit«. Per Handy, per E-Mail. Immer weniger ArbeitnehmerInnen können im Sinne des Wortes abschalten. Die Errungenschaften technologischer Entwicklungen machen sie theoretisch durchgehend erreichbar. Sich dagegen abzugrenzen, setzt nicht selten Mut, immer aber Willensstärke und Kraft voraus. Für immer mehr Menschen gilt: kein Rückzug, kein Innehalten, kein Luftholen von der Erwerbsarbeit. »Ich hab keine Zeit, das zu tun, was ich eigentlich tun möchte« – die zunehmende Armut an selbstbestimmter Zeit gehört zur Allerweltsklage unserer Tage.

»Immer und Alles«. 24 Stunden Betrieb im Alltag. Tankstellen, Quickshops und die Auseinandersetzungen um möglichst viele verkaufsoffene Sonntage sind nur die Vorboten gewesen: Einkaufen zu jeder Tages- und Nachtzeit, bitte schön. Fernsehprogramme rund um die Uhr als Dauerberieselung, Pizzaservice all night. Auf der Kehrseite von Hetze und Mehrarbeit im Beruf wächst der Druck auf die totale Flexibilisierung von Arbeitszeitregelungen, die bisher feste Auszeiten für die Mehrheit der Beschäftigten garantierten. Die tendenzielle Auflösung natürlicher Strukturen (Tag und Nacht, Jahreszeiten) nimmt ihren scheinbar ungebremsten Lauf.

»Nie genug«. Wissen, Gelerntes, Erfahrung – es scheint nie zu reichen, jedenfalls nicht für morgen. Die Haltbarkeit von Kenntnissen, Fähigkeiten

Kürzer arbeiten – besser für Männer und Frauen: Arbeitszeitnöte und -wünsche

und Fertigkeiten im Beruf nimmt rapide ab, und das mit schneller werdender Tendenz. Zu den wichtigsten Veränderungen der modernen Erwerbsarbeit zählt das Gefühl, nie »fertig« oder »ganz« zu sein, nie »erwachsen« zu werden. Zudem wird das Tempo von technologischen und anderen Neuentwicklungen zunehmend selbst zur Bremse, weil diejenigen, die das Neue in der Produktion von Gütern und Dienstleistungen umsetzen sollen, nicht mitkommen. »Wenn ich sie (die Menschen) so schnell mit Innovationen bombardiere, dass sie die nicht mehr verarbeiten können, dann haben wir ein Problem« (H. Rosa, in: DIE ZEIT vom 19.12.2007).

»Flexibel und mobil«: Die Zumutbarkeitsregelungen der Hartz-Reformen am Arbeitsmarkt haben es auf den Punkt gebracht: Wer nicht fit oder bereit ist, sich flexibel von einem Job auf den nächsten umzustellen, und wer nicht mobil genug ist, alle Brücken hinter sich abzubrechen oder lange Fahrtzeiten in Kauf zu nehmen für eine neue, wenn auch weit entfernte Arbeitsstelle,[2] der oder die taugt nicht für die moderne Arbeitswelt. Kinder in Kindergärten oder Schulen? LebensgefährtIn mit eigenem Arbeitsplatz? Zu pflegende Angehörige vor Ort? Mit viel Einsatz aufgebaute und für den Alltag notwendige Netze der Nachbarschaft und der Freundschaft? Gewachsene ehrenamtliche Verpflichtungen? Egal, Pech. So wird die tendenzielle Auflösung der sozialen Bindungen, die weitere Fragmentierung der Gesellschaft befördert. Unbezahlte Arbeit – nämlich Sorge-, Er- und Beziehungsarbeit – kommt unter Druck. Dabei trägt *sie* das System der Erwerbsarbeit – wehe uns allen, wenn nicht![3]

Insofern gilt: Der Beschleunigungswahn untergräbt das Versprechen der Moderne auf Selbstbestimmung, konterkariert die Bedarfe der sozialen und emotionalen Bezüge, die unsere Gesellschaft zusammenhalten, und macht krank.[4]

---

[2] 40% der Vollzeitbeschäftigten in Deutschland pendeln inzwischen (IAB, 16.4.2008).

[3] Auf diesen Zusammenhang und die Bedeutung der Geschlechterfrage macht Helga Krüger unter anderem in ihrer Expertise zum 7. Familienbericht der Bundesregierung aufmerksam. Nicht zuletzt ihrem Wirken ist es zu verdanken, dass zentrale Erkenntnisse aus der soziologischen Geschlechterforschung Eingang auch in die Gestaltung von neuen Politikansätzen finden.

[4] Neuere Erkenntnisse aus der Gesundheitswissenschaft unterstreichen diesen Befund; auch der Begriff der »Hetz-Krankheiten« weist dies aus. Die massive Zunahme an Depressionserkrankungen wird vor diesem Hintergrund als Versuch des Körpers zur »Zwangs-Entschleunigung« interpretiert (Keil 2006).

3. Ökonomie der Erpressung: Massenarbeitslosigkeit, soziale Spaltung und die »Rückkehr der Unsicherheit«

Wir verzeichnen einen spürbaren Rückgang der registrierten Arbeitslosigkeit in Deutschland. Das ist gut so. Von der voreilig wieder beschworenen »Vollbeschäftigung« aber sind wir – bis auf Landstriche im Süden – meilenweit entfernt: Immer noch gibt es 3,5 Millionen registrierte Arbeitslose laut aktueller Statistik der Bundesagentur für Arbeit (März 2008); knapp 5 Millionen sind es, wenn die in verschiedenen Maßnahmen versteckte Arbeitslosigkeit mitgezählt wird, wie das IAB in der zeitgleichen Statistik ausweist. Das ist die materielle Grundlage, auf der in unserer in jeder Hinsicht an Erwerbsarbeit ausgerichteten Gesellschaft eine »Ökonomie der Erpressung« funktioniert. Sie hat verschiedene Gesichter und Wirkungen:

»Freiwilliger« Gehaltsverzicht. Der bemerkenswerte Rückgang der Erwerbslosigkeit basiert auf einem damit einhergehenden Preisverlust der Arbeit. Das Institut für Makroökonomie und Konjunkturforschung (IMK) weist in einer aktuellen Studie von März 2008 auf den in der deutschen Wirtschaftsgeschichte einmaligen Vorgang hin, nach dem die Wirtschaft in den letzten drei Jahren um 7% zu-, die durchschnittlichen Reallöhne aber um 3,5% abgenommen haben.[5]

Zynisch formuliert ist dies nur insofern ein Ergebnis »freiwilligen« Verzichts, als nicht körperliche oder militärische Gewalt gegen Arbeitsplatzbesitzende eingesetzt werden musste, sondern angesichts von Massenarbeitslosigkeit die schlichte Drohung mit »den anderen da draußen« ausreichte. Anders gesagt: Je mehr Menschen zwangsweise von Erwerbsarbeit ausgeschlossen sind, desto weniger wiegt die »Marktmacht«, die auf Lohnarbeit Angewiesene in die Waagschale werfen können. »Hauptsache Arbeit«, heißt dann die Losung. Auch die deutliche Ausweitung des Niedriglohnbereiches in den letzten Jahren basiert nicht zuletzt auf diesem Mechanismus: Der Anteil der NiedriglohnempfängerInnen stieg einer Studie des Instituts für Arbeit und Qualifikation (IAQ) zufolge von 1995 bis 2006 um 43% auf etwa 6,5 Millionen; jede/r fünfte Beschäftigte gehörte also 2006 zu den Geringverdienenden. Deutschland hat damit im Vergleich zu Frankreich, Dänemark oder den Niederlanden den höchsten Anteil von McJobs unter den Beschäftigten und nähert sich den USA an, wo ein Viertel der Beschäftigten zu den offiziell registrierten »working poor« gehören. Selbst im Öffentlichen Dienst ar-

---

[5] Ein nicht nur für Deutschland geltender Befund: Er trifft auch auf die US-amerikanische Wirtschaft zu und spielte dort eine erhebliche Rolle im Präsidentschaftswahlkampf 2008.

beiten inzwischen laut Aussage des Deutschen Städtetages ca. 200.000 Menschen zu Löhnen unterhalb des viel diskutierten Mindestlohns.

Arbeit trotz Krankheit. Unternehmensberatungen, kluge ArbeitgeberInnen und inzwischen sogar progressive Arbeitsmarktprogramme befassen sich mit der Frage, was sie für die Gesundheit von Beschäftigten tun können. Je weniger gelbe Scheine, desto moderner und demografiebewusster das Unternehmen.

Und dennoch: Alle ExpertInnen stimmen darin überein, dass der historische Tiefstand krankheitsbedingter Fehlquoten 2006 von 4,2% eben mindestens auch der erpresserischen Wirkung der Sorge um den eigenen Arbeitsplatz geschuldet ist. Der erstmals leichte Anstieg 2007 (4,5%) weist zugleich einen noch deutlicheren Anstieg psychischer Erkrankungen aus. Da fühlt sich die monatliche positive Bilanz nicht nur für Betriebsräte mindestens zwiespältig an. Ganz zu schweigen von den nachhaltigen Schäden für die Einzelnen einerseits und die Gemeinschaft durch die Belastung des kollektiven Gesundheitssystems andererseits.

Prekarisierung der Arbeit. Die »alte Welt«, das waren die vornehmlich auf den männlichen Familienernährer ausgerichteten Normalarbeitsverhältnisse: unbefristet und Vollzeit. Die neue Welt sieht anders aus. Die WissenschaftlerInnen des Deutschen Instituts für Wirtschaftsforschung (DIW) weisen in einer neuen Studie von März 2008 einen Rückgang des Anteils der Vollzeitbeschäftigten seit 2000 von 64 auf heute noch 55% aus. Zudem gehören befristete Verträge, Mini- und Midijobs sowie Leiharbeitsverhältnisse heute zur Normalität (so sind inzwischen 630.000 Menschen, und damit mehr als viermal so viele Menschen wie vor zehn Jahren, bei Zeitarbeitsfirmen unter Vertrag).

Seit September 2000 ist die Zahl sozialversicherungspflichtiger Stellen von 28,28 auf heute 27,23 Millionen, also um etwa eine Million, gesunken. »Digitale Boheme« – der Begriff hat, auch wenn er ebenso verkürzt wie griffig ist, zunehmenden Formen prekärer Arbeitsverhältnisse neue Aufmerksamkeit beschert. KünstlerInnen und andere Kreative aus der Kulturwirtschaft sind bei weitem nicht mehr solitär in dem mehr oder weniger zwangsweise erforderlichen Versuch, aus ungesicherter Existenz Chancen zu entwickeln und Möglichkeiten für eine auch positiv besetzte Lebensführung zu erkunden. Grundlage dafür ist neben den nackten Tatsachen am Arbeitsmarkt auch eine als realistisch empfundene »Null-Erwartungshaltung« an den Staat. Scheinselbständigkeit, »Freelancing«, »Freie Mitarbeit«, »Generation Praktikum« – viele junge Leute kennen sich mit den bürokratischen Techniken und alltäglichen Hürden dieser beruflichen Karrieren und der harten Konkurrenz um die »guten Jobs« bestens aus.

Ungleichheit und Verteilung der »neuen Risiken«. Das bemerkenswerteste Ergebnis der bereits zitierten aktuellen Studie des DIW ist Folgendes: Die Mittelschichten, zu denen sich über Jahrzehnte hinweg ca. 62% der (West-)Deutschen zählen konnten, schrumpfen insbesondere seit der Jahrtausendwende spürbar auf inzwischen (2006) nur noch 54%. Dem entspricht zugleich die Zunahme der Armen, deren Anteil seit 2000 um sieben Prozentpunkte gestiegen ist und die damit bereits ein Viertel der Bevölkerung ausmachen. Und wie um das Bild der sozialen Schieflage in Deutschland abzurunden, rechnet die jüngste OECD-Studie von März 2008 vor, dass die Hauptlast der Steuern und Sozialabgaben in unserem Land von den Gering- und DurchschnittsverdienerInnen getragen wird und von den Entlastungen vor allem die oberen Einkommensschichten profitieren.

Die auch in Deutschland zunehmende Ungleichheit ist umso bedrängender, als die »neue Generation von Risiken« (Castel 2005), die sich aus dem »zügellosen Produktivismus und einer ungebremsten Ausbeutung der Ressourcen des Planeten« (ebd.) ergeben, mitnichten demokratisch verteilt sind. Gesunde Ernährung, weniger belastete Umwelt, Sicherheit von Leib und Leben haben ihren Preis, und der kann von Begüterten in ausgewählten Stadtteilen erheblich leichter aufgebracht werden als von Menschen, die jeden Euro bis zum Monatsende umdrehen müssen. Ein »tiefes Gefühl des Gerechtigkeitsverlustes« hat sich in Deutschland eingestellt, konstatiert Wilhelm Heitmeyer in der Studie »Deutsche Zustände 2007«. Konsumverzicht und Reduktion als neues Leitbild für das »Gute Leben« bleiben so lange Vorrecht gebildeter und nicht materiell zu Verzicht gezwungener HedonistInnen, so lange diese Gerechtigkeitslücke nicht kollektiv – und das heißt durch gesellschaftliches Handeln und politische Intervention – geschlossen wird. Dass eben dafür auch das individuelle Handeln der Einzelnen und die Marktmacht der VerbraucherInnen von ungeheurer politischer Bedeutung ist, versteht sich von selbst

»Rückkehr der Unsicherheit«... Individualisierung und Entkollektivierung der Produktion wirken sich vielfältig negativ aus auf die Möglichkeiten, den Markt und seine – ohne gesellschaftliche und damit politische Beeinflussung – objektiv auf nichts und niemanden Rücksicht nehmenden Seiten »einzuhegen« (Castel 2005).[6]

---

[6] Die beeindruckende Beweisführung von Kristina Steenbock und Ralf Fücks für die gesellschaftliche Innovationskraft des Kapitals am Beispiel der Ökologie (»Auf in den Ökokapitalismus«, in: DIE ZEIT vom 5.7.2007) unterstreicht aus meiner Sicht die These von der Notwendigkeit, den Markt »einzuhegen«: Ohne weltweite Umweltbewegung und wachsenden politischen Druck sind ökologische Innovation

Erstens auf die Rolle des – europäischen – Staates als sozialer »Schutzinstanz«. Sie hat im Zuge der Globalisierung des Handels dramatisch abgenommen. Der Druck auf die Kosten der Arbeit – also auf soziale Sicherungssysteme, die an Erwerbsarbeit gekoppelt sind – hat massiv zugenommen und manifestiert sich in einer Erodierung der sozialen Sicherung (wie Rente, Krankenversicherung etc.). Das in diesem Sinne »soziale Eigentum« (Castel), das durchgesetzt wurde für diejenigen (und wesentlich von denjenigen!), die nicht schon immer durch Privateigentum abgesichert waren, scheint dahinzuschwinden. Damit einhergehend wird eine »Planbarkeit« der Zukunft für abhängig Beschäftigte immer schwieriger oder unwahrscheinlicher.

Zweitens und zugleich ist die Wirkung der modernen Produktionsbedingungen auf die kollektiven Organisationsformen der Interessenvertretung von ArbeitnehmerInnen unübersehbar. Sozialversicherungsleistungen konnten ganz wesentlich eben genau deshalb durchgesetzt werden, weil die Einzelnen kollektiven Vertretungsinstanzen angehörten. Deren Schwächung unter anderem durch Mitgliederverluste in der Ökonomie der Erpressung steht insofern in unmittelbarem Zusammenhang mit der Schwächung der sozialen Sicherung und der Entwicklung einer neuen sozialen Unsicherheit. Der und die Einzelne ist verwundbarer denn je.

Fast unabhängig davon verunmöglichen m.E. die strukturelle Geschlechterungerechtigkeit der herkömmlichen Sicherungssysteme und die heute offenkundigen und dramatischen Auswirkungen ungerechter Ressourcenverteilung im globalen Maßstab eine schlichte Rückbesinnung auf den alten Status quo. Das macht die Sache nicht einfacher.

... *und ihre politischen Folgen.* Soziale Ungleichheit und Angst schaden der Demokratie. Ökonomische Unsicherheit verstärkt soziale Ungleichheit – und umgekehrt. Angst, z.B. die Angst der Mitte vor dem Absturz, schürt

---

und Intervention internationaler Konzerne nicht denkbar; Marktchancen und langfristig entgehende Gewinne allein sichern die Dominanz kollektiver Interessen vor Profitinteresse nicht. Dies gilt auch für das Soziale (»fair work« – Standards der Arbeitssicherheit, der Entlohnung etc.), wie an den vergleichsweise – nämlich im Verhältnis zum überwiegenden Teil der Erde – luxuriösen sozialen Errungenschaften des Europäischen Modells der Sozialen Marktwirtschaft deutlich wird. Sie wurden von starken sozialen Bewegungen in wirtschaftlich prosperierenden Phasen durchgesetzt und sie verlieren ihre Leitbildfähigkeit und materielle Durchsetzungsfähigkeit just durch deren Schwäche in Zeiten der Globalisierung. Ob unter den heutigen Bedingungen die immer wieder in Gegensatz gebrachte Alternative – hier die geradezu regressive Wiederentdeckung des »starken Staates«, da die im Privateigentum scheinbar »an sich« begründete Anpassungsfähigkeit des Kapitals – noch zielführend ist, bleibt zu diskutieren.

Diskriminierung nach unten. Wilhelm Heitmeyer und seine KollegInnen sprechen anlässlich ihrer vorgelegten Studie von »Hinweisen auf die Moral vernichtenden Effekte des dominierenden Marktes«. Die Ergebnisse der Befragungen aus dem Jahr 2007 weisen erneut eine klare Parallelität von Prekarität am Arbeitsmarkt und Ressentiments gegenüber »Anderen« aus. Dabei geht es inzwischen dankenswerterweise weniger um »Fremde« als – erschreckenderweise – um sozial Schwache: Ein Drittel der Interviewten stimmt der Aussage »Menschen, die wenig nützlich sind, kann sich keine Gesellschaft leisten« oder »Wir nehmen in unserer Gesellschaft zu viel Rücksicht auf Versager« zu. Robert Castel spricht in diesem Zusammenhang von der »Wiederkehr der gefährlichen Klassen«, deren »kollektives Ressentiment (sich) aus einem Gefühl erlittenen Unrechts (nährt).« Der Zustand ständiger Unsicherheit »zersetzt den Charakter« (Sennett 1998). Der nachgerade hysterische Aufschrei, den Barack Obama mit dem Versuch verursacht hat, im Rahmen seiner Kampagne zur Nominierung als US-Präsidentschaftskandidat öffentlich über den Zusammenhang zwischen einer an der empfundenen Gerechtigkeitslücke entwickelten »Bitterkeit« der kleinstädtischen Mittelklasse und ihren Ressentiments nachzudenken, reiht sich in diese Überlegungen ein.

Festzuhalten ist: Aus der »Gesellschaft der Ähnlichen« wird (verzögert) auch in Deutschland zunehmende soziale Ungleichheit, die in tatsächlicher und gefühlter neuer Unsicherheit mündet und damit zugleich die Fundamente der Demokratie schwächt.

4. Blockade der Modernisierung: Überkommene Leitbilder, Misstrauenskultur, Individualisierung gesellschaftlicher Phänomene

Empirische Fakten, mehr Wissen über Zusammenhänge, wissenschaftlich gestützte Prognosen führen nicht im Selbstlauf zu notwendigen Veränderungen. Hartnäckig halten sich Stereotype, alte Denkmuster und Vorurteile. Dahinter liegen nicht ideologische Verbohrtheit oder Realitätsverweigerung; vielmehr geht es um Verteilung von Ressourcen und Macht.

»*Selbst schuld*«. Brüche in der Erwerbsbiografie werden zunehmend normal (auch für Männer) – die Systeme der sozialen Sicherung aber und die Philosophie der Arbeitsmarktpolitik ignorieren diesen Wandel und beharren auf Stigmatisierung von Arbeitslosen. Jeder Monat ohne Erwerbsarbeit belastet den Lebenslauf in der Bewerbung um einen Job, jeder weitere führt zur unaufhaltsamen bürokratischen Abgruppierung in den Kategorien der »Betreuungsgruppen« bei den Agenturen für Arbeit. Aus einer gesellschaftlichen Herausforderung wird ein individuelles Problem. Das Modell der »Chancengesellschaft«, in der jede und jeder befähigt wird, selbstverantwortlich die Möglichkeiten einer demokratischen Gesellschaft zu ergreifen und zu verwirklichen, wird zur Bedrohung, wenn es sich zugleich der Ziele des sozialen Ausgleichs entledigt und »Solidarität« als gesellschaftliches wie ethisches Prinzip als angeblich veraltet eliminiert. Wenn aus kollektiven Akteuren »individuelle Jäger nach der Beute des sozialen Aufstiegs« werden, unterminiert die »Chancengesellschaft dieser Facon ... Zugehörigkeiten und Solidarität« (Franz Walter, in: tageszeitung, 31.5./1.6. 2008). Selbst »lebensbegleitendes Lernen« wird so zur Drohung: »Wer ans Ende der sozialen Stufenleiter gerät, der kann sich nicht mehr auf Eigentumsverhältnisse, Gewalt oder Ausbeutung herausreden: Er hat schlicht zu wenig oder zu lange oder das Falsche gelernt.« (Konrad Paul Liessmann, zit. n. Susanne Gaschke, Die ZEIT 18.10.2007).

»Wer nicht (erwerbs)arbeitet, soll auch nicht essen.« Arbeit wird trotz besseren Wissens nach wie vor reduziert auf Erwerbsarbeit. Alle anderen unverzichtbaren Bausteine gesellschaftlicher Arbeit – Sorge, Erziehung, Beziehungsarbeit – werden ausgeblendet aus einem Utilitarismus, der dringend notwendige Tätigkeiten, Fähigkeiten und Fertigkeiten zur weiteren Modernisierung angesichts demografischer Entwicklungen und globaler Aufgabenstellungen ignoriert bzw. gesellschaftlich entwertet. Zivilgesellschaftliches Engagement wird reduziert auf »Ehrenamt«; es zählt nichts, wenn es nicht gekoppelt ist an Erwerbsarbeit. Ein veralteter Arbeitsbegriff verstetigt geschlechtsspezifische Diskriminierung, behindert Verantwortung für andere, schwächt Kreativität und Selbstverantwortung und schürt Ressentiments, die sowohl individuellem als auch gesellschaftlichem »Wachstum« im Wege stehen. »Das Ressentiment ist kein Gefühl, das zu Großzügigkeit oder Risikobereitschaft prädisponiert... Es führt zu einer Abwehrhaltung, die sich dem Neuen, dem Pluralismus und der Differenz verschließt.« (Castel 2005)

»Frauen und Männer sind gleichberechtigt. Besonders Männer.« Die geschlechtsspezifische Segregation des Arbeitsmarktes in Deutschland ist Legende und wird zunehmend zum Bremsfaktor für Produktivkräfte und wirtschaftliche wie gesellschaftliche Modernisierung. Die im europäischen Vergleich immer noch deutlich unterrepräsentierte Erwerbsbeteiligung von Frauen wird zunehmend zu einem Problem für die Rekrutierung von Fachkräften. Bizarr wirkt sich der offenkundige Widerspruch zwischen erreichtem Bildungsstand von Frauen und ihrer Rolle in der Arbeitswelt aus. Das Einkommensgefüge spricht Bände: Frauen verdienen in Deutschland durchschnittlich 22% weniger als Männer – eine Diskrepanz, die zu den größten in Europa zählt. Sie zementiert Abhängigkeiten und behindert zudem die

Weiterentwicklung gerade derjenigen Wirtschaftszweige (z.B. personenbezogene Dienstleistungen), die zu den Wachstumsbranchen zählen. Für junge Frauen ist das Ziel einer guten Ausbildung und anschließender Berufstätigkeit inzwischen selbstverständlich, spätestens bei der »Kinderfrage« stoßen sie aber auf eine gesellschaftliche Realität, in der die Vereinbarkeit von Familie und Beruf zum individuellen Hindernislauf wird und Kinder zum Armutsrisiko Nummer eins zählen. Ein Überbleibsel aus der alten Welt mit nachhaltiger Wirkung. Und schließlich: Geradezu beschämend niedrig ist in Deutschland der Anteil von Frauen in Führungspositionen in Unternehmen, Wissenschaft und Politik, ein Tatbestand, der zunehmend als Ursache von Rückständigkeit und Stillstand erkannt wird.

»Faulpelze in der sozialen Hängematte«. Hartz IV steht im öffentlichen Bewusstsein nicht zuletzt für eine Misstrauenskultur, die ihresgleichen sucht. Zur Überprüfung der Hilfebedürftigkeit und der Ansprüche von »Bedarfsgemeinschaften« gehören routinemäßig unangekündigte Kontrollbesuche sowie zahlreiche andere demütigende Instrumentarien. Obwohl hinlänglich bekannt ist, dass der so genannte Sozialmissbrauch verschwindend geringe Ausmaße hat und hatte, werden erhebliche Ressourcen dafür mobilisiert und gebunden und die Einzelfälle von interessierter Seite kampagnenartig verallgemeinert. Auch in der Wirtschaft dominiert nach wie vor eine Fehlerkultur, die von der Suche nach Schuldigen gekennzeichnet ist. Wo Menschen arbeiten und sich für eine Sache oder ihr Unternehmen oder für ihr Land, ihre Gemeinschaft, ihr Gemeinwesen engagieren, werden Fehler gemacht. Wer aber befürchten muss, für Fehler den Kopf abgerissen zu bekommen, wer in einer Kultur der Suche nach Sündenböcken arbeitet, wird sich rasch abgewöhnen, Verantwortung zu übernehmen für Entscheidungen und überhaupt versuchen, immer hübsch »hinter der Säule« zu bleiben. Die jüngsten Enthüllungen über die systematische Bespitzelung von Beschäftigten durch Arbeitgeber von Lidl bis Telekom belegen in nicht geahnter Weise, zu welchen Auswüchsen Kontrollwahn und eine Kultur des Misstrauens führen.

Die Kombination aus anhaltender Unsicherheit und Misstrauenskultur führt zu Demütigung, vorauseilendem Gehorsam, Angst vor Verantwortung und Selbstzensur. Das Gegenteil ist in einer modernen Gesellschaft und für die Zukunft in Arbeit und Wirtschaft nötig.

Teile des herrschenden Diskurses in der Arbeitswelt entpuppen sich infolgedessen selbst als »altes Denken« und stehen sich selbst und notwendigen Modernisierungsprozessen im Weg.

5. Kürzer arbeiten – besser für alle: Nachdenken über Alternativen zur Politik der Angst

Zusammenfassend kann gesagt werden: Wir verschlafen den Wandel der Arbeit, rauben uns im Beschleunigungswahn den menschlichen Atem, sägen den sozialen und ökologischen Ast ab, auf dem wir sitzen, und blockieren die gesellschaftliche und globale Modernisierung: Zeit, wieder und/oder weiter über Alternativen nachzudenken.

In Anlehnung an Tony Judt gehören für mich die Stärkung des Vertrauens in kollektive Verabredungen versus Angst, der Primat gemeinsamer/gesellschaftlicher Lösungsstrategien kollektiver Probleme und Herausforderungen vor individualisierender Zuweisung, öffentlicher Diskurs und positive Pflege des Widerspruchs[7] statt privater Abspaltung und Forcierung gesellschaftlicher Fragmentierung sowie Emanzipation als Voraussetzung für Verantwortung zu den wesentlichen Leitlinien dieses Nachdenkens.

Weit entfernt davon, mehr Antworten als Fragen präsentieren zu können, liegt für mich einer der Schlüssel in der *Umverteilung von Arbeit, Einkommen und Zeit entlang eines Koordinatensystems aus Gerechtigkeit und Geschlechterdemokratie einerseits und ökologischer wie sozialer Nachhaltigkeit andererseits.* Dazu könnten folgende Elemente gehören und als »roter Faden« in verschiedensten Politikbereichen dienen:

Neubewertung der »Ganzen Arbeit« (Adelheid Biesecker).[8] Wir leben in einer pluralen Ökonomie. Durch ihre herrschende Begrenzung auf den Markt werden nicht nur alle Tätigkeiten im Bereich der Reproduktions- und der Bürgerarbeit aus der Analyse ausgeblendet, sondern sie werden auch entsprechend bewertet. Je näher an vergegenständlichter Arbeit in der Produktion, so scheint es immer noch (mit wenigen Ausnahmen), desto teurer und »produktiv« – je näher an lebendigen Menschen, desto wertloser und »reproduktiv«. Nur so ist der Irrwitz zu verstehen, dass der Fahrer eines Müllwagens (dessen Arbeit hier absolut nicht geringgeschätzt werden soll)

---

[7] Besonders energisch betont Chantal Mouffe die Notwendigkeit »einer lebendigen ›antagonistischen‹ Sphäre des öffentlichen Wettstreits ..., in der verschiedene hegemoniale politische Projekte miteinander konfrontiert werden könnten. Dies ist aus meiner Sicht das sine quo non einer effektiven demokratischen Praxis« (Mouffe 2007).

[8] Frigga Haug unterscheidet in ihrem neuen Buch die vier Bereiche Erwerb, Reproduktion, Kultur und Politik. Sie verweist nachdrücklich darauf, »dass Grenzüberschreitungen zu den notwendigen Erkenntnismitteln gehören, ja, dass die Einsperrung von Tätigkeiten in einen der vier genannten Bereiche im wirklichen Leben eine Strafe ist und in der theoretischen Anstrengung eine Dummheit« (Haug 2008).

mehr verdient als die Leiterin einer Kindertagesstätte, ein Maschinenschlosser deutlich mehr als eine Arzthelferin. Equal pay und die lange geforderte deutliche Anhebung von Ausbildungsstandards für zahlreiche und neue Berufe beispielsweise der personenbezogenen Dienstleistungen sind nicht nur überfällig; beides würde einen wichtigen Beitrag zur Überwindung des männlich geprägten Dualismus von »produktiver« Erwerbsarbeit und »unproduktiver« Hausarbeit leisten, »frauentypische« Berufsfelder attraktiver machen für beide Geschlechter und damit auch eine gerechtere Verteilung der »ganzen Arbeit« erleichtern. Das von Helga Krüger in den Expertisen zum 7. Familienbericht der Bundesregierung vorgestellte »Berufsanreicherungsmodell« folgt dieser Zielsetzung beispielsweise konsequent durch Vorschläge, die Ausbildungs- und Auf/Umstiegswege durchlässiger zu gestalten. Das »Optionszeitenmodell« zielt ganz in diesem Sinne auf die Normalisierung von Unterbrechungen der Erwerbskarriere jenseits von Geschlecht und Familienstand. Es schlägt konkret die Berechtigung zu Erwerbsunterbrechungen bis zu zwei Jahren »zugunsten von ›Familienzeiten‹ (auch der Altenbetreuung, der Wohnungsrenovierung/des Umzugs usw.), von ›Bildungszeiten‹ (auch zu nutzen für allgemeine/berufliche Neuorientierungen) und von ›Sozialzeiten‹ (für zivilgesellschaftliches Engagement in Stadtteil/Gemeinwesen usw.)« vor (Krüger 2008).

Leitbild jenseits des Hamsterrads (Miriam Meckel). »Die Entschleunigung könnte die mächtigste Gegenideologie des 21. Jahrhunderts werden« (Rosa 2007). Und die Familie – wie auch immer konstruiert – würde dabei in neuem Sinne zur revolutionären Keimzelle, behaupte ich mit der Journalistin Irmela Hannover, die das Hamsterrad besonders treffend unter dem Titel »Beruf und Familie sind wie Nitro und Glyzerin« beschreibt.[9] Die bereits erwähnten Expertisen zum 7. Familienbericht entfalten verschiedenste Szenarien, in denen die Bedarfe der Individuen im Zusammenspiel mit ihren sozialen Bindungen in einen neuen Einklang mit den Anforderungen des Erwerbslebens gebracht werden können: Insbesondere wird mit dem »Zeitkoordinierungsmodell« vorgeschlagen, »die Familie als Taktgeber für die Zeitrythmen der sie umgebenden Institutionen in den Mittelpunkt (zu rücken)« (Krüger 2008). In diesen Kanon gehören aus meiner Sicht auch die Gewährung von bezahltem wie unbezahltem Urlaub im Falle der Erkrankung von Angehörigen oder anderen »Schutzbefohlenen« oder beispielsweise eine neue Definition von »Mobilität« unter Berücksichtigung von sozialen Bindungen bei den Zumutbarkeitsregelungen für die Jobsuche.

---

[9] Vortrag anlässlich des Alumni-Treffens 2005 der Universität Bremen

Übergänge zwischen den Sphären der Arbeit anerkennend gestalten. Die Tatsache, dass der Gang zur Arbeitsagentur (und erst Recht zur Hartz IV-Stelle) mit Angst und Demütigung verbunden ist, verhindert die Normalisierung von erzwungenen wie freiwilligen Brüchen in der Erwerbsbiografie. Eine solche Normalisierung aber wird immer notwendiger, damit die Übergänge zwischen den verschiedenen Sphären der »ganzen Arbeit« individuell und gesellschaftlich produktiv genutzt werden können. Nur so kann die Bereitschaft und die Fähigkeit aller gestärkt werden, sich selbstverantwortlich auf dem Markt der Arbeit zu bewegen und die eigene Lebensplanung immer wieder vorausschauend zu gestalten. Transferleistungen für diese Übergänge sind dabei als Rechtsanspruch zu gewähren, statt sie als Schmarotzertum zu denunzieren. Höchste Qualität in der Bearbeitung von Ansprüchen und in der Beratung wären dafür als selbstverständliche Anforderungen an die entsprechenden Stellen zu richten und mit Leistungsindikatoren zu unterlegen. Zusätzliche unabhängige Beratungsstellen im Sinne des VerbraucherInnenschutzes für Arbeitsuchende wie Beschäftigte in Umbruchsituationen wären eine Voraussetzung dafür, Augenhöhe zwischen Agenturen und in diesem Sinne tatsächlich »KundInnen« herzustellen. Wer sich regelmäßig beraten lässt und sich informiert, würde dafür durch Bonussysteme belohnt anstatt mit Abzügen von den gesetzlichen Leistungen bestraft. Anders gesagt: Der geltende Druckmechanismus im Umgang mit Brüchen in der Erwerbsbiografie gehört abgeschafft zugunsten eines Systems, das auf die Sogwirkung von Ermächtigung und Befähigung setzt.

Selbstorganisation und Bürgerbeteiligung fördern und begünstigen. Wie stünde es um unsere Gesellschaft ohne AktivistInnen für Menschenrechte, ohne UmweltschützerInnen, ohne die Tatkräftigen in der Nachbarschaft oder ÜbungsleiterInnen in Sportvereinen, ohne DirigentInnen von Stadtteilchören, OrganisatorInnen von Volksfesten, ohne Selbsthilfegruppen für ungewöhnliche Krankheiten, ohne Menschen, die gemeinsam mit nicht an Profit orientierten Organisationen sozial, kulturell oder ökologisch aktiv sind? Die meisten der in dieser Form Aktiven sind erwerbstätig. Aber beileibe nicht alle. Viele Erwerbslose mischen sich inzwischen ein, sind im besten Sinne des Wortes gesellschaftlich tätig – meist unbemerkt von Behörden und Öffentlichkeit und ohne Honorierung. Der Arbeitsagentur gegenüber müssen sie dies im Zweifel eher verschweigen. Sie leisten unbezahlte Arbeit, die weder öffentlich als »Arbeit« anerkannt, noch offiziell sozial abgesichert wird. Selbstorganisation und aktive Beteiligung an den politischen Auseinandersetzungen auf allen Ebenen des öffentlichen Lebens sind nicht nur überlebenswichtig für unser Gemeinwesen; sie tragen zudem zum Erhalt und Ausbau der Beschäftigungsfähigkeit der/des Einzelnen bei. »Bildungsgutschein für Selbstorganisation«, oder »Stipendium für Bürgerarbeit« – die Ideen sind nicht neu, aber trotzdem spannend genug, um weiter verfolgt zu werden und auch auf diese Weise zur Umverteilung von Arbeit und Erwerbsarbeit beizutragen.

Bei Lichte betrachtet ist »Kürzer (Erwerbs)Arbeiten« angesichts der demografischen Entwicklung längst Realität. Vor dem Hintergrund steigender Lebenserwartungen in den reichen Ländern der Welt reduziert sich der Anteil des Broterwerbs hier tendenziell von drei Viertel auf die Hälfte der Lebensspanne eines Menschen; »... der Job wird zum Lebensabschnittspartner. So betrachtet, sind die Menschen der von Keynes erwarteten ›Ära der Freizeit‹ doch ein Stück näher gekommen. Nur arbeiten sie nicht bloß weniger Stunden am Tag, sondern vor allem weniger Jahre pro Lebenszeit.« (Kolja Rudzio, Die ZEIT, 10.4.2008). Daraus wäre eine offensive Strategie zu machen, die zugleich auf sozialen Ausgleich – auch im globalen Maßstab – setzt und lebensphasenspezifische Bedürfnisse zum Ausgangspunkt von Wahlfreiheit und Selbstbestimmung macht. In diesem Sinne: kürzer arbeiten – besser für alle!

Literatur

Beck, Ulrich (1986): Risikogesellschaft. Auf dem Weg in eine andere Moderne, Frankfurt a.M.
Castel, Robert (2005): Die Stärkung des Sozialen. Leben im neuen Wohlfahrtsstaat, Hamburg
Deutsches Institut für Wirtschaftsforschung, März 2008, Berlin
Haug, Frigga (2008): Die Vier-in-einem-Perspektive, Hamburg
Heitmeyer, Wilhelm (2007): Deutsche Zustände 2007. Institut für interdisziplinäre Konflikt- und Gewaltforschung, Bielefeld
Institut für Arbeitsmarkt- und Berufsforschung (2008): Werkstattbericht 02/08, Nürnberg
Institut für Arbeit und Qualifikation (2008): IAQ-Report Nr. 1/2008, Duisburg/Essen
Institut für Makroökonomie und Konjunkturforschung (2008): IMK-Report Nr. 27, 3/2008, Düsseldorf
Keil, Annelie (2004): Wenn Körper und Seele streiken, Kreuzlingen
Krüger, Helga (2007): Geschlechterrollen im Wandel – Modernisierung der Familienpolitik. Expertisen zum 7. Familienbericht der Bundesregierung, Berlin
Morisse, Jörn/Engler, Rasmus (2007): Wovon lebst du eigentlich? Eine kritische Auseinandersetzung mit Christiane Müller-Lobeck, in: taz vom 8. Januar 2008.

Mouffe, Chantal (2007): Über das Politische, wider die kosmopolitische Illusion, Frankfurt a.M.
Rosa, Hartmut (2007): Beschleunigung. Die Veränderung der Zeitstrukturen in der Moderne, Frankfurt a.M.
Sennett, Richard (1998): Der flexible Mensch. Die Kultur des neuen Kapitalismus, Berlin

André Holtrup/Helmut Spitzley
Kürzer arbeiten – besser für alle
»Kurze Vollzeit« und »Vollbeschäftigung neuen Typs« – ökonomische Grundlagen und soziale Chancen

1. Arbeitsproduktivität und gesellschaftlicher Reichtum

Wer über die Zukunft der Arbeit nachdenkt, sollte sich zunächst der historischen Zusammenhänge und Entwicklungen vergewissern. Dabei wird deutlich, dass wir in Deutschland in einer historisch einmalig reichen Gesellschaft leben mit einem Jahr für Jahr wachsenden Sozialprodukt und steigendem Volkseinkommen. Die gute Nachricht lautet: Mit immer weniger Arbeitskraft und in immer kürzerer Zeit können immer mehr Güter hergestellt und Dienstleistungen erbracht werden. Musste man 1960 im Durchschnitt noch 20 Minuten arbeiten, um vom Arbeitslohn 1 kg Brot kaufen zu können, bedarf es heute nur noch der Hälfte der Arbeitszeit. Für andere wichtige Güter ist die notwendige Arbeitszeit noch stärker gesunken (vgl. Abb. 1).

Abb. 1: Kaufkraft der Lohnminute 1960, 1991 und 2006

	Mengeneinheit	1960		1991		2006	
		Arbeitszeit		Arbeitszeit		Arbeitszeit	
		Std.	Min.	Std.	Min.	Std.	Min.
Mischbrot	1 kg	0	20	0	11	0	10
Markenbutter	250 g	0	39	0	6	0	4
Zucker	1 kg	0	30	0	6	0	5
Vollmilch	1 l	0	11	0	4	0	3
Speisekartoffeln	2,5 kg	0	17	0	10	0	10
Flaschenbier	0,5 l	0	15	0	3	0	3
Fernseher	1 Stck.	351	38	79	4	29	50
Kühlschrank	1 Stck.	156	30	30	27	24	8
Waschmaschine	1 Stck.	224	30	53	27	37	29

Quelle: Institut der deutschen Wirtschaft

Diese produktiven Fähigkeiten unserer Gesellschaft können genutzt werden, um für alle in Deutschland lebenden Menschen ausreichende Einkommen und materielle Sicherheiten zu ermöglichen. Die Schattenseiten dieser Entwicklung sind allerdings auch nicht zu übersehen. Wie der Armutsbericht der Bundesregierung (Bundesregierung 2008) ausweist, sind Vermögen und Einkommen in der Gesellschaft sehr ungleich verteilt. Es ist aus vielen Gründen ungewiss, ob die hohen Produktivitätssteigerungen der Vergangenheit auch in die Zukunft fortgeschrieben werden können. Der von den Generationen nach dem Zweiten Weltkrieg geschaffene materielle Reichtum hat ein historisch einmaliges Niveau erreicht. Dennoch bleiben viele soziale Probleme bisher ungelöst. Besonders brisant ist, dass die hohe Arbeitslosigkeit viele Menschen von der Möglichkeit ausschließt, durch Teilhabe an bezahlter Arbeit ein für sie ausreichendes Einkommen zu erzielen.

Hohe Arbeitslosigkeit
Seit Mitte der 1970er Jahre gehört hohe Arbeitslosigkeit zur sozialen Realität in Deutschland. Auch wenn die Arbeitslosenzahlen in konjunkturellen Hochphasen zeitweilig sinken, ist eine Entwicklung in den letzten Jahrzehnten unübersehbar: Es hat sich eine Unterbeschäftigung aufgebaut, die mehrere Millionen Menschen umfasst.[1] Dies ist in mehrfacher Hinsicht fatal. Die Höhe der Bezüge aus Arbeitslosenversicherung oder staatlichen Transferleistungen ist für viele unbefriedigend niedrig und setzt Arbeitslose einem hohen Armutsrisiko aus. Auch psychisch stellt Arbeitslosigkeit für viele ein großes Problem dar. Denn in einer »Arbeitsgesellschaft« wie der Bundesrepublik Deutschland identifizieren sich viele Menschen vor allem mit ihrer Erwerbstätigkeit.[2] Wem es also nicht gelingt, erwerbstätig zu sein, dem fehlt es häufig nicht nur an ausreichendem Einkommen und materieller Sicherheit, sondern auch an der für das psychische Wohlergehen unverzichtbaren sozialen Einbettung und zeitlichen Strukturierung des Alltags. Wer nicht in befriedigender Weise an Erwerbsarbeit beteiligt ist, wird daher

---

[1] Eine kritische Analyse der offiziellen Statistik ergibt, dass die Zahl der tatsächlich von Arbeitslosigkeit betroffenen Menschen weit über die »amtlich registrierten Arbeitslosen« hinausgeht. Für die Jahre 2005 bzw. 2006 werden offizielle und »verdeckte« Arbeitslosigkeit auf zusammen 6,5 bis sieben Millionen Menschen geschätzt (vgl. Melz et al. 2007; Weber et al. 2007).

[2] Dies kann mit einer typischen Gesprächssituation illustriert werden. Treffen zwei einander unbekannte Personen etwa bei einer Geburtstagsfeier aufeinander, wird das Gespräch häufig mit der Frage eröffnet: »Was machst Du eigentlich?« Diese allgemeine Frage wird regelmäßig damit beantwortet, dass der Befragte seine berufliche Tätigkeit darlegt und damit seine Identität ausweist.

nicht nur materiell benachteiligt, sondern auch von sozialer Teilhabe und den in und mit der Arbeit verbundenen sozialen Netzwerken und Identifikationsmöglichkeiten ausgeschlossen. Es kann daher nicht verwundern, wenn Menschen, die keine Möglichkeit haben, an gesellschaftlicher Arbeit teilzuhaben, mit Unzufriedenheit, Depression oder nicht selten auch mit Aggression reagieren. Wie wichtig in unserer Gesellschaft die Teilnahme an Erwerbsarbeit ist, zeigt sich auch daran, dass die »Sicherheit des Arbeitsplatzes« und »gute berufliche Zukunftsaussichten« in repräsentativen Befragungen regelmäßig als vorrangig und besonders wichtig bezeichnet werden (vgl. DGB 2007).

Prekarisierung

In den Jahren des »Wirtschaftswunders« nach dem Zweiten Weltkrieg waren unbefristete, in Vollzeit ausgeübte, sozialversicherte und mit einem für eine Familie ausreichenden Einkommen versehene Arbeitsverhältnisse – zumindest für Männer – selbstverständlich (Mückenberger 1989; Osterland 1990; Kress 1998). Das ist heute nicht mehr der Fall. Befristungen von Arbeitsverträgen, Zeit- und Leiharbeit oder geringfügige, nicht sozialversicherte Beschäftigungen haben in den letzten Jahren erheblich zugenommen (vgl. Alda 2005; Brinkmann u.a. 2006). Die Zahl derer, die sich durch lange Phasen von Arbeitslosigkeit oder prekärer Beschäftigung von einer befriedigenden Teilhabe an gesellschaftlicher Arbeit ausgeschlossen sehen, ist deutlich gewachsen. »Subjektive Prekarisierungsängste« (Kraemer/Speidel 2005) sind weit verbreitet und die Furcht, aus dem Status gefestigter Normalarbeit in prekäre Beschäftigung oder gar Arbeitslosigkeit abzugleiten, wirkt mittlerweile auch bis in weite Teile der Mittelschichten hinein (Dörre/Fuchs 2005). Nur wenige Menschen können sich von der Gefährdung frei machen, unverschuldet in einen Zustand materieller und sozialer Unsicherheit zu geraten und sich daraus aus eigener Kraft nicht wieder befreien zu können.[3]

---

[3] Lange war in Deutschland die Meinung vorherrschend, es gäbe keine Unterschichten mehr und die sozialen Probleme seien als Folge von Wirtschaftswachstum und hierauf aufbauender Sozialpolitik gelöst. Neue empirische Untersuchungen zeigen aber, wie tief die deutsche Gesellschaft sozial gespalten ist. Nicht weniger als 8% (4% in West- und sogar 25% in Ostdeutschland) gehören zur Gruppe des »abgehängten Prekariats«. Die Zahl derjenigen, die sich hinsichtlich ihres materiellen und sozialen Status tief verunsichert fühlen, ist noch weitaus höher (Friedrich-Ebert-Stiftung 2006; Neugebauer 2007). Diese Befunde haben zu Recht eine neue »Unterschichtsdebatte« ausgelöst, deren politische Folgen noch nicht absehbar sind.

2. Arbeit-Fair-Teilen als gesellschaftspolitische Perspektive[4]

Wenn Massenarbeitslosigkeit überwunden werden soll, ist zunächst zu fragen, welche Entwicklungen zu den großen Diskrepanzen auf dem Arbeitsmarkt führen. Sieht man von konjunkturellen Schwankungen ab, lassen sich zwei langfristige Trends identifizieren, die auf der einen Seite die Nachfrage nach und auf der anderen Seite das Angebot an menschlicher Arbeitskraft maßgeblich beeinflussen.

Trend 1: Immer höhere Produktion mit immer weniger Arbeitsstunden
Die Zahl der vorhandenen oder fehlenden Arbeitsplätze ist davon abhängig, wie viel Erwerbsarbeit erforderlich ist, um die auf dem Markt verkäuflichen Güter und Dienstleistungen (das Bruttoinlandsprodukt) bereitzustellen. Mit immer effizienterer Technik, höheren Qualifikationen und gesteigerter Arbeitsintensität wurde in den vergangenen Jahrzehnten die Arbeitsproduktivität in Deutschland immer weiter erhöht und das Bruttoinlandsprodukt enorm gesteigert.[5] Die Wertschöpfung je Arbeitsstunde erreichte immer neue Rekordmarken. Während Arbeitsproduktivität und Bruttoinlandsprodukt immer weiter anstiegen, sank gleichzeitig die Menge der in Arbeitsstunden erfassten menschlichen Arbeit (Arbeitsvolumen).

Die Arbeitsproduktivität *stieg* zwischen 1970 und 2005 auf das 2,5fache und das Bruttoinlandsprodukt wurde mehr als verdoppelt. Die dafür insgesamt benötigte Arbeitszeit *sank* dagegen auf 86% des Wertes von 1970. Die Verdoppelung der ökonomischen Wertschöpfung wurde also mit insgesamt deutlich kürzeren Arbeitszeiten erzielt.

Trend 2: Immer mehr Menschen suchen Erwerbsarbeit
Die Beschäftigungsentwicklung und die Zahl der fehlenden Arbeitsplätze ist auch davon abhängig, wie viele Frauen und Männer Erwerbsarbeit leisten können und wollen. Dies ist von vielen Faktoren abhängig: demografische Entwicklung, Organisation des Arbeitsmarktes und des Bildungssystems, vom Wandel gesellschaftlicher Normen und Wertvorstellungen und

---

[4] »Arbeitfairteilen« ist auch der Name einer Arbeitsgruppe von attac Deutschland (vgl. Bontrup u.a. 2007). Siehe auch www.attac.de/arbeitfairteilen.
[5] Wirtschaftswachstum und auch die in der Statistik ausgewiesene Steigerung der Arbeitsproduktivität sind allerdings kritisch zu hinterfragen, da sie sowohl auf der Anwendung ökologisch problematischer Technologien beruhen können als auch auf einer die menschliche Leistungsfähigkeit überfordernden Beschleunigung und Intensivierung der Arbeit (vgl. etwa die Technikkritik in Illich 1980; Ullrich 1980; 2001; 2008 und die aktuelle Debatte in den Gewerkschaften um die Qualität von Arbeit).

Abb. 2: Arbeitsproduktivität, Bruttoinlandsprodukt und Arbeitsvolumen in Deutschland zwischen 1970 und 2005[1] (Index 1970 = 100%)

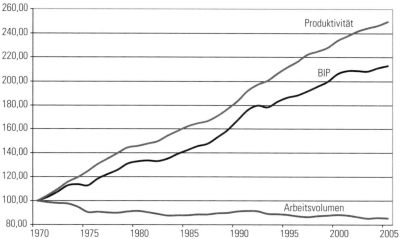

[1] Da die Daten für die DDR nicht vorliegen, hat die OECD für den Zeitraum von 1970 bis 1990 Werte für Gesamtdeutschland geschätzt.

Quelle: OECD, eigene Berechnungen

auch von Veränderungen der Arbeitsteilung zwischen den Geschlechtern. Die Zahl der potenziellen Erwerbspersonen hat sich in den letzten Jahrzehnten deutlich erhöht. Für Männer war es in Deutschland schon immer mehr oder weniger selbstverständlich, dass sie erwerbstätig waren, um sich selbst und möglichst auch eine Familie ernähren zu können. Seit 1970 stieg insbesondere aus demografischen Gründen die Zahl der Männer, die für Erwerbsarbeit verfügbar waren von 17,1 Mio. auf 19,8 Mio. (+16%). Aber auch immer mehr Frauen suchen Erwerbsarbeit. Stärker als in früheren Generationen verfolgt heute die große Mehrheit von Mädchen und jungen Frauen einen »doppelten Lebensentwurf«, der beides beinhaltet: Familie *und* eigene Erwerbsarbeit. Sie wollen erwerbstätig sein und »eigenes Geld« verdienen. Die Zahl der Frauen, die Erwerbsarbeit suchen, erhöhte sich daher wesentlich stärker als die der Männer und stieg seit 1970 sogar um 65% von 9,6 auf 15,8 Mio.[6]

---

[6] Die Erwerbsquote, d.h. der Anteil der Erwerbspersonen an der Gesamtbevölkerung, ist zwischen 1970 und 2005 von 44 auf fast 50% gestiegen. Es ist erklärtes politisches Ziel in der EU, diesen Anteil und insbesondere die Erwerbsquote von Frauen weiter zu erhöhen. Allerdings ist zu berücksichtigen, dass viele Frauen un-

Abb. 3: Erwerbspersonenpotenzial[1] in Westdeutschland 1970-2005[2]

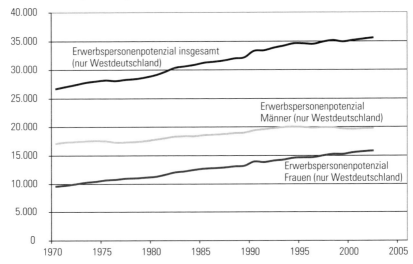

[1] Erwerbspersonenpotenzial = Erwerbstätige + registrierte Erwerbslose + geschätzte stille Reserve.
Unter der »Stillen Reserve« werden diejenigen Personen verstanden, die zu Erwerbsarbeit grundsätzlich geeignet und bereit sind, sich aber aus Mangel an Angeboten resigniert aus dem Erwerbssystem zurückgezogen haben oder ihre Erwerbswünsche von vornherein als nicht realisierbar betrachten (Fuchs 2002).
[2] Abb. 3 stellt die Entwicklung in Westdeutschland dar. Für das Gebiet der ehemaligen DDR sind keine Daten zum Erwerbspersonenpotenzial verfügbar.
Quelle: IAB

2.1 Wirtschaftswachstum besiegt Arbeitslosigkeit?

Fasst man die beiden langfristig wirksamen Trends zusammen, ergibt sich erstens, dass – trotz einer verdoppelten Wirtschaftsleistung und des damit gestiegenen Reichtums – die für Erwerbsarbeit insgesamt erforderliche Arbeitszeit deutlich gesunken ist. Zweitens wuchs die Zahl von Männern und Frauen, die untereinander um die knappe Erwerbsarbeit und die damit verbundenen Einkommenschancen im Wettbewerb stehen. Die Schere zwischen Angebot an und Nachfrage nach Arbeitskraft ging daher immer weiter auseinander.

Seit nunmehr drei Jahrzehnten wird versucht, die hohe Arbeitslosigkeit durch »Ankurbelung der Wirtschaft« zu überwinden. Die bekannte Zauber-

---

ter prekären Bedingungen und auf Teilzeitstellen arbeiten. Daher kann die *Zahl* der erwerbstätigen Frauen *wachsen* und gleichzeitig ihr *Arbeitsvolumen* und das damit verbundene Einkommen *sinken*.

Kürzer arbeiten – besser für alle: »Vollbeschäftigung neuen Typs«

formel lautet: Wachstum, Wachstum, Wachstum. Dabei wird meist ausgeblendet, dass eine Steigerung des Umfangs der über den Markt verkauften Güter und Dienstleistungen (BIP) mindestens in gleicher Höhe wie die Steigerung der Arbeitsproduktivität erforderlich ist, um die Nachfrage nach Arbeitskraft und damit das Beschäftigungsniveau auch nur zu stabilisieren und konstant zu halten. Ein Abbau der Arbeitslosigkeit würde also erst dann eintreten, wenn das BIP stärker wüchse als die Produktivität pro Arbeitsstunde. Ein über diese »Beschäftigungsschwelle«[7] hinausgehendes Wirtschaftswachstum wurde in den letzten drei Jahrzehnten nur ausnahmsweise erreicht (Dreger/Brautzsch 2001: 85).[8] Da auch für die kommenden Jahre mit einer Steigerung der Arbeitsproduktivität von 1,5 bis 2% im Jahr zu rechnen ist, müsste – wenn die hohe Arbeitslosigkeit rasch überwunden werden soll – die Wirtschaft jeweils noch deutlich schneller, d.h. Jahr für Jahr um drei, vier oder noch mehr Prozent zulegen. Ausgehend von einer niedrigen Ausgangsbasis konnten solche Steigerungsraten in den 1950er und 60er Jahren des letzten Jahrhunderts zeitweilig erreicht werden. In Anbetracht des heutigen Ausgangsniveaus sind solche Zuwächse illusionär. Zur Überwindung der Massenarbeitslosigkeit allein auf Wirtschaftswachstum zu setzen, wäre nichts anderes als einer Fata Morgana nachzujagen.[9]

2.2 Arbeitszeiten in Bewegung

Gesellschaftlicher Fortschritt wurde seit der Industrialisierung stets mit sinkenden Arbeitszeiten zusammen gedacht: Wenn wir mit immer besserer Technologie und Organisation immer effektiver arbeiten können, wird es mög-

---

[7] Der Begriff der »Beschäftigungsschwelle« bezeichnet die Marke im Verhältnis von Wirtschaftswachstum und Produktivitätszuwachs, ab der Beschäftigung auf- oder abgebaut wird. Liegt das Wachstum des BIP über dem der Arbeitsproduktivität, wird die Beschäftigungsschwelle überschritten und die Nachfrage nach Arbeitskraft nimmt zu. Übersteigt das Wachstum der Produktivität das des BIP, nimmt die Nachfrage nach Arbeitskraft ab (vgl. Pusse 2002). Die Beschäftigungsschwelle entspricht allerdings nur dann dem Produktivitätswachstum, wenn die Arbeitszeiten konstant bleiben. Steigen die Arbeitszeiten, ist mehr Wirtschaftswachstum erforderlich, sinken sie, ist weniger Wirtschaftswachstum notwendig, um Beschäftigung aufzubauen. Siehe auch den Beitrag von Hickel in diesem Band.

[8] Seit den 1980er Jahren oszillierte das Wirtschaftswachstum um die jeweiligen Beschäftigungsschwellen.

[9] Aber auch aus ökologischer Hinsicht sind an eine Politik des extremen Wirtschaftswachstums kritische Fragen zu richten: Ist angesichts der seit 1970 bereits erfolgten Verdoppelung des BIP und der enormen Mengen an verfügbaren Gütern eine noch forciertere Steigerung von Produktion und Konsum tatsächlich sinnvoll? Und wäre auf Dauer ein solches Wachstum ohne Schädigungen der Ökologie möglich?

lich sein, alles Notwendige in immer kürzeren Arbeitszeiten zu erzeugen und dann mehr arbeitsfreie Zeit genießen zu können (Schildt 2006). Das als Folge von Produktivitätsgewinnen und steigender Erwerbsbeteiligung von Männern und Frauen entstehende »Überangebot an Arbeitskraft« (Offe 1997) wurde als willkommene Chance verstanden, Erwerbsarbeitszeiten zu senken und die arbeitsfreie Zeit im Leben der Menschen zu erhöhen.

Arbeitszeitverkürzung

Vor diesem gesellschaftlichen Hintergrund setzten die Gewerkschaften eine schrittweise Absenkung der tariflichen Arbeitszeiten durch. Die durchschnittliche Jahresarbeitszeit von Vollzeitbeschäftigten sank in Westdeutschland von 1.935 Arbeitsstunden im Jahre 1970 auf 1.665 im Jahre 1990.[10] Die Arbeitszeitverkürzung wirkte dämpfend auf das Anwachsen der Erwerbslosigkeit, sie war aber zu gering, um die rasante Produktivitätsentwicklung vollständig ausgleichen und Vollbeschäftigung erhalten oder wiederherstellen zu können.

Abb. 4: Durchschnittliche tatsächliche Jahresarbeitszeit von Vollzeitbeschäftigten*
1970-2005

* Angaben 1970-1990 nur Westdeutschland, ab 1991 Gesamtdeutschland
Quelle: IAB

---

[10] Dieser langfristige Trend zu kürzeren Arbeitszeiten wird auch in einer Studie herausgearbeitet, die Datenmaterial seit 1882 berücksichtigt (Schildt 2006).

Kürzer arbeiten – besser für alle: »Vollbeschäftigung neuen Typs«

Nach der Phase erfolgreicher Arbeitszeitverkürzung in den 1970er und 80er Jahren und einer relativen Konstanz in den 90er Jahren stieg als Folge einer als krisenhaft empfundenen Wirtschaftsentwicklung, verstärkter neoliberaler Politik und der von Arbeitgebern offensiv vertretenen Forderungen nach Arbeitszeitverlängerung in den letzten Jahren die durchschnittliche Arbeitszeit wieder an.

Teilzeit

Gleichzeitig ist der Anteil der Teilzeitarbeit kontinuierlich gestiegen. Arbeiteten Mitte der 1970er Jahre in Westdeutschland nur 7% aller Erwerbstätigen in Teilzeit, stieg ihr Anteil bis 2005 in Deutschland auf fast 17% an. Mittlerweile wächst auch die Zahl der Männer, die in Teilzeit tätig sind, aber drei Viertel der Teilzeitarbeitsplätze werden von Frauen besetzt (Wanger 2006).

Die Verkürzung der tariflichen Arbeitszeiten auf der einen und der Anstieg von Teilzeitbeschäftigung auf der anderen Seite belegen, dass Arbeitszeiten und die Verteilung von Erwerbsarbeit in Bewegung gekommen sind. Diese offenkundige Flexibilität kann für politische Gestaltungsprozesse und eine neue zielgerichtete Verteilung von Arbeit genutzt werden.

Abb. 5: Entwicklung des Anteils von Teilzeitbeschäftigung 1976-2005*

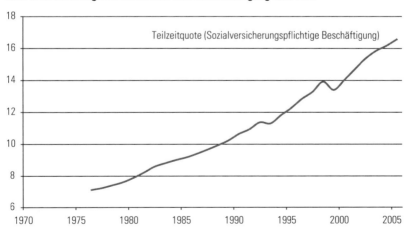

* 1976-1992 Westdeutschland, ab 1993 Gesamtdeutschland; ohne geringfügige Beschäftigung. Werden geringfügige Beschäftigungsverhältnisse hinzugezählt, hat sich die Teilzeitquote von 12,1% (Westdeutschland 1976) sogar auf 32,4% (Gesamtdeutschland 2005) ausgeweitet.

Quelle: IAB

2.3 Gedankenexperiment: Kurze Vollzeit für alle

In einem Gedankenexperiment soll allen Männern und Frauen ein gleicher Zugang zur Erwerbsarbeit eröffnet werden. Dabei werden in unserem Modell die Entwicklung von Arbeitsproduktivität und BIP in den Jahren 1970 bis 2005 unverändert gelassen. Das Experiment besteht darin, dass wir die ungleiche Verteilung des in einem bestimmten Jahr gegebenen Arbeitsvolumens modellhaft aufheben und ermitteln, wie lange jede/r hätte arbeiten können und müssen, wenn die Arbeit auf alle Erwerbstätigen gleichmäßig verteilt worden wäre. Das Ergebnis ist eindeutig: Bei einer gleichen Verteilung der Erwerbsarbeit auf alle potenziell erwerbstätigen Personen hätte die durchschnittliche individuelle Arbeitszeit – auch bei stetig wachsendem BIP – deutlich sinken können und zum Abbau von Arbeitslosigkeit auch sinken müssen.

Abb. 6: Gedankenexperiment: Erwerbsarbeitszeit bei gleicher Verteilung des Arbeitsvolumens auf das Erwerbspersonenpotenzial 1970-2005

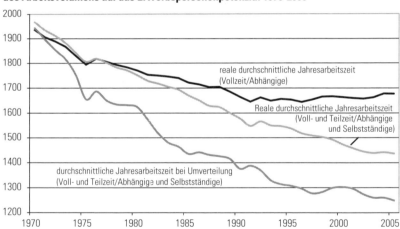

Quelle: IAB, OECD, eigene Berechnungen

Dank der gestiegenen Arbeitsproduktivität und erhöhten Erwerbsbeteiligung von Frauen wäre bei einer gleichen Verteilung der Arbeit die durchschnittliche Jahresarbeitszeit von jährlich 1.943 Arbeitsstunden (1970) auf 1.300 Arbeitsstunden (2000) gesunken. Im Jahre 2005 wären bei der angenommenen Arbeitsumverteilung sogar nur noch 1.250 Jahresarbeitsstunden pro Kopf notwendig gewesen – etwa drei Viertel der gegenwärtig als normal angesehenen Vollzeitbelastung von Beschäftigten. Umgerechnet auf die durchschnittliche Wochenarbeitszeit läge diese nicht mehr wie im Jahre 1970 bei 41 Stunden, sondern nur noch bei etwa 30 Stunden in der Woche.[11]

Arbeitszeit und demografischer Wandel

Bei unserem zunächst auf die Vergangenheit bezogenen Gedankenexperiment wurde von dem zum jeweiligen Zeitpunkt tatsächlich vorhandenen Erwerbspersonenpotenzial ausgegangen. Wir werden dieses Gedankenexperiment bis 2040 fortsetzen und die zu erwartenden demografischen Veränderungen berücksichtigen. In Übereinstimmung mit Daten des IAB und der Rürup-Kommission gehen wir im Folgenden davon aus, dass wichtige Trends der Vergangenheit bis 2040 bestehen bleiben: Arbeitsproduktivität und Wirtschaftsleistung werden weiter wachsen und das Arbeitsvolumen sinken.[12] Es gibt jedoch einen wesentlichen Unterschied zwischen den zurückliegenden und den vor uns liegenden Jahrzehnten. Während sich die Zahl der für Erwerbsarbeit zur Verfügung stehenden Männer und Frauen in den letzten Jahrzehnten stetig erhöht hat (Abb. 3) wird das Erwerbspersonenpotenzial nach 2020 abnehmen (vgl. Abb. 7). Anders als in der Vergangen-

---

[11] In unserem Modell des »Arbeit-Fair-Teilens« ist keine Begrenzung von Produktivitätsentwicklung oder des Wirtschaftswachstums vorgesehen, sondern lediglich die *Umverteilung der Erwerbsarbeit* auf alle für Erwerbsarbeit bereiten Personen. Es zielt darauf, einerseits Arbeitslosigkeit und Arbeitsbelastungen abzubauen und andererseits den Zeitwohlstand zu erhöhen. Andere Ansätze wie die von Stahmer vorgeschlagene »Halbtagsgesellschaft« reduzieren dagegen die in der Gesellschaft geleistete Erwerbsarbeit und damit den Umfang der marktvermittelten Güter. Zugleich steigen die zeitlichen Ressourcen für unbezahlte Leistungen in Eigen- und Sorgearbeit sowie für zivilgesellschaftliche Tätigkeiten. Ausführlicher: Schaffer/Stahmer 2005 und Hartard/Schaffer/Stahmer 2006.

[12] Die Berechnungen basieren auf Projektionen des Erwerbspersonenpotenzials durch das Nürnberger Institut für Arbeitsmarkt- und Berufsforschung in einer mittleren Variante mit einem Wanderungssaldo von 200.000 Personen pro Jahr (vgl. Fuchs/Dörfler 2005). Für die Entwicklung der Wirtschaft werden die gleichen Annahmen zugrunde gelegt, auf denen auch die Kalkulationen der so genannten Rürup-Kommission basieren (vgl. BMGS 2003). Sie unterstellen folgende Wachstumsraten: 1. jährliche Wachstumsraten des Bruttoinlandsprodukts bis 2010 = 1,9%; 2010-2020 = 1,8%; 2020-2030 = 1,4%; 2030-2040=1,3%; 2. jährliche Wachstumsraten der Produktivität bis 2010 = 1,7%; 2010-2020 = 1,8%; 2020-2030 = 1,8%; 2030-2040 = 1,8%. Wenn auch derartige Prognosen mit hohen Unsicherheiten verbunden sind, weil sie die Entwicklung vieler einzelner Determinanten und deren Zusammenwirken nur hypothetisch erfassen, können sie dennoch helfen, die Bandbreite möglicher Entwicklungen modellhaft abzubilden und politisch diskutierbar zu machen.

Abb. 7: Bruttoinlandsprodukt, Arbeitsproduktivität, Arbeitsvolumen, Erwerbspersonenpotenzial und verallgemeinerbare durchschnittliche Arbeitszeit bis 2040

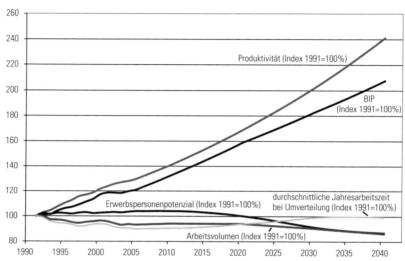

Quelle: OECD, BMGS, IAB, eigene Berechnungen

heit wird das Arbeitsvolumen also nicht mehr auf eine steigende, sondern eine sinkende Zahl von Erwerbspersonen aufzuteilen sein.

Es wäre aber vorschnell, hieraus einen Zwang zu einer allgemeinen Arbeitszeitverlängerung abzuleiten. Auch in Zukunft wird nicht jede/r 40 Stunden oder mehr in der Woche erwerbstätig sein können oder müssen. Denn selbst bei der von der Rürup-Kommission prognostizierten Steigerung des BIP zwischen 2000 und 2040 um nicht weniger als 77% erhöht sich die erforderliche *durchschnittliche Arbeitszeit* in den kommenden Jahrzehnten nur wenig. Wenn die beiden in ihrer Wirkung auf den Arbeitsmarkt gegensätzlichen Entwicklungen, das *Sinken des Erwerbspotenzials* und die *Steigerung der Arbeitsproduktivität*, berücksichtigt werden, steigt – bei einer gleichmäßigen Verteilung des Arbeitsvolumens auf alle Arbeit suchenden Männer und Frauen – die *durchschnittliche Arbeitszeit* von etwa 1.300 Stunden im Jahre 2000 nur auf 1.380 im Jahre 2040 (vergleichbar einer 32-Stunden-Woche).

2.4 Chancen einer »Vollbeschäftigung neuen Typs« durch »kurze Vollzeit für alle«

Unser Gedankenexperiment zeigt eines ganz deutlich: Die heute bei Vollzeitbeschäftigung übliche Arbeitszeit in der Größenordnung von etwa 1.700 Jahresstunden (vergleichbar einer 40-Stunden-Woche) ist trotz eines auch für die Zukunft unterstellten enormen Wirtschaftswachstums bei gleichzeitig verringertem Erwerbspotenzial nicht für alle Männer *und* Frauen möglich – weder heute noch in der absehbaren Zukunft. Verallgemeinerungsfähige durchschnittliche Arbeitszeiten liegen mit 1.300 bis 1.400 Jahresarbeitsstunden deutlich niedriger. Wenn Erwerbsarbeitslosigkeit und die damit verbundenen negativen gesellschaftlichen Folgen überwunden werden sollen, bedarf es daher veränderter gesellschaftlicher Leitbilder und politischer Rahmenbedingungen. Eine neue, an Gerechtigkeit orientierte Arbeitspolitik wird das Ziel verfolgen müssen, Männern *und* Frauen Erwerbsarbeit in dem Umfang zu ermöglichen, der für alle *verallgemeinerungsfähig* ist. Eine durchschnittliche Jahresarbeitszeit von etwa 1.300 Stunden stellt daher eine grobe *Zielmarke* dar, an der sich Politik, Tarifparteien, Unternehmen und Individuen in den nächsten Jahren orientieren können.[13] Eine solche »*kurze Vollzeit für alle*« ist ein Leitbild für eine gesellschaftliche Entwicklung und keine starre Norm. Eine durchschnittliche 30-Stunden-Woche – oder eine entsprechende Jahres- oder Lebensarbeitszeit (vgl. hierzu Hildebrandt 2007) – wäre aber keine exotische Ausnahme und auch keine, oftmals negativ bewertete, Teilzeitarbeit, sondern das Leitbild für eine »*Vollbeschäftigung neuen Typs*« als neuer *gesellschaftlicher Normalität*. Eine neue Verteilung von Erwerbsarbeit ist nicht zuletzt ein unverzichtbarer Beitrag dazu, gesellschaftliche Ungerechtigkeiten zu verringern und soziale Integration zu fördern. Denn Arbeitszeiten, die dauerhaft deutlich über das gesellschaftlich verallgemeinerungsfähige Maß hinausgehen, konzentrieren Erwerbsarbeit und Arbeitseinkommen bei bestimmten Personengruppen und hindern dadurch andere an einer Teilhabe am Erwerbsleben. Wenn durch eine »kurze Vollzeit für alle« Erwerbsarbeit fair verteilt werden kann, erhöhen sich auch die Beteiligungschancen und Integrationsmöglichkeiten für bislang erwerbslose Menschen.

---

[13] Radikalere Ansätze der Arbeitszeitreduzierung, wie etwa die »Halbtagsgesellschaft«, zielen auf Erwerbsarbeitszeiten von 1.000 Arbeitsstunden im Jahr (vgl. Schaffer/Stahmer 2005).

Anstieg der familialen Erwerbsarbeitszeit
Wenn auch die tariflichen Arbeitszeiten während der letzten Jahrzehnte deutlich gesunken sind, ist das Leben vieler Menschen von Zeitnot geprägt. Die »familiale Erwerbsarbeitszeit«, d.h. die von Mann und Frau insgesamt geleistete Erwerbsarbeit, ist häufig nicht weniger, sondern mehr geworden. Ein Beispiel: Wenn 1960 der Mann 44 Stunden pro Woche erwerbstätig war und die Frau ihre Leistungen auf Haushalt und Kinder konzentrierte, betrug die Erwerbsarbeitszeit von Mann und Frau zusammengenommen: 44 Wochenstunden. Eine Generation später hatten die Gewerkschaften eine Verkürzung der tariflichen Arbeitszeit auf durchschnittlich 38 Wochenstunden durchgesetzt. Gleichzeitig begannen viele Frauen, parallel zu Haushalt und Kindererziehung erwerbstätig zu sein, überwiegend in Teilzeit. Die tarifliche Erwerbsarbeitszeit eines typischen Paares beträgt nun $38 + 19 = 57$ Wochenstunden. Die Erwerbsarbeitszeit von Mann + Frau liegt also bei 57 Wochenstunden, falls beide in Vollzeit berufstätig sind, mit 76 Wochenstunden sogar deutlich höher als früher. Nimmt man die Fahrtzeiten zum Arbeitsplatz hinzu, ist eine zeitliche Bindung an Erwerbsarbeit von 100 und mehr Stunden pro Woche nicht selten.

Familiale Arbeitsteilung und Geschlechtergerechtigkeit
Die Verteilung der Arbeit prägt auch die Rollenteilung zwischen den Geschlechtern, zumeist zulasten von Frauen: *Erstens* werden die von Frauen geleisteten unbezahlten Tätigkeiten gesellschaftlich weniger wertgeschätzt als die mit Geld entlohnte Erwerbsarbeit. *Zweitens* geht das mit durchschnittlich längerer Erwerbsarbeitszeit von Männern verbundene höhere Einkommen mit innerfamiliären Machtasymmetrien und Abhängigkeitsbeziehungen zwischen den Lebenspartnern einher. Dies läuft einer wirklichen Gleichstellung von Mann und Frau zuwider. *Drittens* hat die mehrheitlich von Frauen geleistete Teilzeitarbeit häufig zur Folge, dass sie am Arbeitsplatz gering geschätzt, in der beruflichen Entwicklung behindert und auch bei der Alterssicherung benachteiligt werden. »Kurze Vollzeit für alle« würde die Rollenteilung zwischen Männern und Frauen grundlegend verändern und Gerechtigkeit zwischen den Geschlechtern fördern. Menschen mit Kindern oder betreuungsbedürftigen Alten können Vorbilder für deutlich kürzere Erwerbsarbeitszeiten sein. Empirische Untersuchungen belegen, dass sie am liebsten in »kurzer Vollzeit« mit 28 bis 30 Wochenstunden arbeiten würden (Rürup/Gruescu 2005; Klenner/Pfahl 2008). Die Orientierung an der Perspektive der »kurzen Vollzeit für alle« mit einer *durchschnittlichen* Wochenarbeitszeit von etwa 30 Stunden (oder einer entsprechenden Jahresarbeitszeit) für Männer *und* Frauen würde Raum schaffen für eine neue Verteilung der

familiären Aufgaben. Für Paare könnte eine 60-Stunden-Woche eine neue Orientierung sein, 30 Stunden Erwerbsarbeit für Männer und ebenfalls 30 Stunden Erwerbsarbeit für Frauen. Dabei gewinnen auch Männer, wenn sie einerseits nicht mehr in die Rolle des überwiegenden oder alleinigen Familienernährers gezwungen werden und andererseits freie Zeiten gewinnen, die sie für familiäre und individuelle Interessen einsetzen können.

Work-Life-Balance
Da als Folge modernen Managements Erwerbsarbeit immer mehr entgrenzt wird und die Trennung zwischen Arbeitswelt und Privatleben schwindet, wird das Balancieren zwischen Arbeit und Privatleben immer mehr zum Problem. Die Förderung einer befriedigenden Work-Life-Balance der Mitarbeiterinnen und Mitarbeiter gehört inzwischen zu den Aufgaben einer modernen Personalpolitik. Viele Argumente sprechen dafür, dass eine ausgewogene Work-Life-Balance nicht nur den Mitarbeiterinnen und Mitarbeitern zugutekommt, sondern sich auch für Unternehmen ökonomisch rechnet (z.b. Prognos 2003; 2005). Familienbewusste Personalpolitik muss Möglichkeiten schaffen, Erwerbsarbeit und familiäre Verpflichtungen verbinden zu können. Wenn es gesellschaftlich und im betrieblichen Alltag selbstverständlich ist, dass MitarbeiterInnen nicht nur als Träger betrieblich nutzbarer Arbeitskraft angesehen werden, sondern Unternehmensleitungen anerkennen, dass Frauen *und* Männer ausreichend Zeit für das »Ganze der Arbeit«, für Sorgearbeit, für Eigenarbeit und zivilgesellschaftliches Engagement benötigen, kann die Work-Life-Balance optimiert werden.

3. Elemente einer neuen Politik der Arbeit

Auf dem Weg zu einer neuen Verteilung von Arbeit sind in verschiedenen Bereichen Blockaden zu überwinden und Stolpersteine aus dem Weg zu räumen. Beispiele für die erforderliche Mehr-Ebenen-Politik sollen im Folgenden skizziert werden.

Ökonomische Diskriminierung beseitigen
Die größten und strittigsten Probleme bei der Realisierung durchschnittlich kürzerer Arbeitszeiten sind Fragen des Erwerbseinkommens. Die über Jahrzehnte andauernde Fixierung auf eine Normalarbeit, die vom Leitbild des männlichen Familienernährers geprägt war, hat im gesamten deutschen Rechtssystem tiefe Spuren hinterlassen. Ein Beispiel: Das im Steuerrecht vorgesehene Ehegattensplitting privilegiert Paare, bei denen der eine lang

arbeitet und ein hohes Einkommen erzielt und der andere nur kurz arbeitet und wenig verdient oder ganz auf bezahlte Arbeit verzichtet. Im Wirtschafts- und Sozialrecht sind daher zunächst alle Regelungen zu beseitigen, die lange Arbeitszeiten begünstigen und einer fairen Verteilung von Arbeit entgegenstehen. Zusätzlich können Anreize für kürzere Arbeitszeiten geschaffen werden.

Ökonomische Anreize schaffen
Die Grundidee eines arbeitszeitpolitischen Bonus-/Malus-Systems entspricht dem der Ökosteuer und ist recht einfach: Kürzere Arbeitszeiten werden finanziell gestützt, indem sie ganz oder teilweise von Einkommenssteuern und/oder Sozialabgaben freigestellt werden (Bonus). Auf der anderen Seite werden Einkünfte, die in nicht verallgemeinerungsfähig langen Arbeitszeiten erzielt werden, entsprechend stärker belastet (Malus). Die Berechnungen zur »kurzen Vollzeit für alle« zeigen, dass Arbeitszeiten nur in einem Umfang von jahresdurchschnittlich 1.300 bis 1.400 Stunden gesellschaftlich verallgemeinerbar sind. Arbeitsverhältnisse, die diese Grenzen berücksichtigen, sind daher politisch zu fördern. Die in ihnen erzielten Einkommen werden folglich einem günstigeren Steuertarif zugeordnet als Einkommen, die aus Arbeitszeiten stammen, die diese Schwelle überschreiten. Bonus-/Malus-Systeme zielen folglich darauf, durch eine veränderte Steuer- und Abgabenpolitik das Absenken von Arbeitszeiten und die Neuverteilung von Erwerbsarbeit sowohl für Unternehmen als auch für Beschäftigte attraktiv zu machen. Bonus-Malus-Systeme können aufkommensneutral gestaltet werden, sodass sie weder öffentliche Haushalte noch soziale Sicherungssysteme belasten.

Soziale Sicherung
Arbeit-Fair-Teilen führt zu einer höheren Erwerbsbeteiligung und zu geringerer Arbeitslosigkeit. Eine größere Zahl von Personen wird folglich zur Finanzierung von Arbeitslosen-, Renten-, Kranken- und Pflegeversicherung beitragen können. Zugleich entfallen Kosten von Arbeitslosigkeit und der von der Bundesagentur für Arbeit aufzubringenden Lohnersatzleistungen. Darüber hinaus verringern sich die Fehlzeiten und Aufwendungen für Krankheiten, die durch lange und überlange Arbeitszeiten verursacht werden. »Kurze Vollzeit für alle« entlastet also in vielfältiger Weise die Sozialversicherungssysteme und erlaubt eine Reduktion von Sozialabgaben. Unternehmen werden von Lohnnebenkosten entlastet. Da die Bezieher von Arbeitseinkommen ebenfalls geringere Beiträge in die Sozialversicherungen zahlen müssen, wird die als Folge der Absenkung der durchschnittlichen in-

dividuellen Arbeitszeiten eintretende Minderung der Bruttoeinkommen auf der Ebene der Nettoeinkommen geringer ausfallen.

Sozial gestaffelter Einkommensausgleich
Betrachtet man die Auswirkung einer neuen Verteilung von Arbeit auf verschiedene Einkommen, lassen sich grob drei Einkommensgruppen unterscheiden: (1) Für Singles ohne Unterhaltspflichten oder Paare mit zwei vollen Einkommen ist ein – im Umfang begrenzter – Tausch von Geld gegen freie Zeit in der Regel zumutbar, in vielen Fällen sogar attraktiv. (2) Gewinner einer Politik des Arbeit-Fair-Teilens sind diejenigen, die heute arbeitslos oder von Arbeitslosigkeit bedroht sind. Für sie verbessern sich Beschäftigungs- und Einkommensmöglichkeiten. (3) Für Menschen mit geringen Einkommen und Unterhaltspflichten sind finanzielle Ausgleiche zu schaffen. Da bei einer fairen Verteilung von Erwerbsarbeit und Einkommen die Arbeitslosigkeit sinkt, werden die bislang zur Unterstützung von Arbeitslosen eingesetzten Mittel der Bundesagentur für Arbeit frei und können für einen sozial gestaffelten Einkommensausgleich eingesetzt werden.[14]

Bildung und Qualifizierung
Bei der Neuverteilung von Arbeit und Arbeitszeit ist zu bedenken, dass nicht jede/r für jede Arbeit geeignet und qualifiziert ist. Arbeitslose oder Personen in der »stillen Reserve« verfügen häufig nicht über die aktuell von Unternehmen geforderten Qualifikationen. Wird allerdings davon ausgegangen, dass Menschen lernfähig sind, ist ein Mismatch[15] auf dem Arbeitsmarkt ein durch mittel- und langfristige Bildungs- und Qualifizierungsangebote zu meisterndes Problem. Dass langfristige und umfassende Aus- und Weiterbildungsstrategien erforderlich sind, zeigt sich auch daran, dass schon heute in einigen Arbeitsmarktsegmenten ein Fachkräftemangel besteht, der – wenn nicht gegengesteuert wird – sich noch verschärfen könnte (vgl. Reinberg/ Hummel 2004). Wenn Ausschlusskriterien etwa bezüglich des Alters gelockert werden, überbetriebliche und betriebsnahe Qualifizierungsprogramme realisiert und nicht zuletzt das große Potenzial von Frauen zukünftig we-

---

[14] Die direkten und indirekten Kosten der Arbeitslosigkeiten werden auf rund 70 Mrd. Euro geschätzt. Ein Abbau der Arbeitslosigkeit setzt also Mittel frei, die für Einkommensausgleiche eingesetzt werden können.

[15] Der Begriff »Mismatch« bezeichnet eine fehlende Übereinstimmung zwischen den zu einem bestimmten Zeitpunkt von Unternehmen nachgefragten und den zur gleichen Zeit von Arbeitsuchenden auf dem Arbeitsmarkt angebotenen Qualifikationen.

sentlich stärker genutzt wird, können in einer mittel- und langfristigen Perspektive Mismatch-Probleme gering gehalten werden. Da eine Politik des Arbeit-Fair-Teilens für deutlich mehr Personen als heute die Chancen eröffnet, einen für sie geeigneten Arbeitsplatz zu finden, können neue Motivationen geweckt werden, sich in Bildungs- und Qualifizierungsprozessen zu engagieren. Gleichzeitig sind Bildungs- und Qualifizierungsangebote quantitativ auszuweiten und qualitativ zu verbessern. Deutschland wird ökonomisch nur zukunftsfähig werden, wenn es in diesem Aufgabenfeld konsequent investiert. Der Schock nach den so genannten Pisa-Studien zeigt, dass Politik und Öffentlichkeit für dieses Thema sensibilisiert sind. Die dringend erforderliche Bildungsoffensive muss sich dabei auf zwei Bereiche konzentrieren. Zum einen sind die Bedingungen im Bereich der schulischen und beruflichen Grundbildung (inklusive der an Hochschulen) deutlich zu verbessern. Zum anderen müssen aber auch die Möglichkeiten geschaffen und optimiert werden, bestehende Qualifikationen kontinuierlich zu aktualisieren und weiter zu entwickeln.

Unternehmenskultur
In vielen Unternehmen gelten lange Anwesenheitszeiten am Arbeitsplatz, die Bereitschaft, auch spät am Abend oder an Wochenenden zu arbeiten und regelmäßig Überstunden zu leisten, als Beweis für hohe Motivation und Leistung. Mehrarbeit ist häufig das Ticket für beruflichen Aufstieg. Nicht selten vereitelt eine »Kultur der Vielarbeit« eine gute Balance zwischen Arbeit und anderen Lebensbereichen und gefährdet gar die physische und psychische Gesundheit von Mitarbeiterinnen und Mitarbeitern. Für eine erfolgreiche Umsteuerung betrieblicher Personalpolitik in Richtung auf eine faire Verteilung von Arbeit bedarf es daher nicht nur geänderter gesellschaftlicher Rahmensetzungen, sondern auch eines nachhaltigen Wandels der Arbeitskultur in Unternehmen. Die in Unternehmen regelmäßig stattfindenden Umstrukturierungsprozesse zeigen, dass Funktionsteilungen und Aufgabenzuschnitte sehr wohl veränderbar sind und tatsächlich auch kontinuierlich geändert werden. Jeder Arbeitsplatz ist das Ergebnis von Arbeitsteilung und folglich auch wieder teilbar. Diese Gestaltungsmöglichkeiten sind mit der Perspektive auf eine neue Verteilung von Arbeit kreativ zu nutzen.[16]

---

[16] Ein Türöffner könnte die Elternzeit werden. Wenn es immer selbstverständlicher ist, dass Männer nach der Geburt von Kindern Elternzeit nehmen und sich auch später nicht nur als »Familienernährer«, sondern als Elternteil sehen, das ausreichend Zeit für die Familie aufwendet, werden Männer neue Erfahrungen in außerberuflichen Bereichen sammeln und sich der bereits begonnene Wertewandel verstärken.

Kürzer arbeiten – besser für alle: »Vollbeschäftigung neuen Typs«

Betriebliche Vorteile kürzerer Arbeitszeiten
Vielfach wird argumentiert, bei kürzeren Arbeitszeiten entstünden für Unternehmen selbst dann wirtschaftliche Nachteile, wenn die Absenkung ohne jeden Einkommensausgleich erfolgt. Grund hierfür seien steigende Kosten insbesondere in der Personalverwaltung, der Ausstattung von Arbeitsplätzen oder in der Qualifizierung. Derartige Kosten sind nicht zu bestreiten, sollten aber nicht zum »killing argument« werden. Denn bei einer umfassenderen Betrachtung kann der Nutzen einer am Ziel des Arbeit-Fair-Teilens orientierten Personalpolitik die Kosten aufwiegen oder gar übersteigen. Zum einen können kürzere Arbeitszeiten dazu beitragen, physische und psychische Belastungen in Grenzen zu halten und Gesundheit zu schützen. So leiden Menschen mit langen Arbeitszeiten deutlich häufiger an Rücken- oder Kopfschmerzen, Nervosität, psychischer Erschöpfung, Schlafstörungen, Magenschmerzen oder Herz-/Kreislaufbeschwerden als Menschen mit kürzeren Arbeitszeiten (Bauer u.a. 2004). Überbeanspruchungen, arbeitsbedingte Erkrankungen und die daraus sich ergebenden betrieblichen und sozialen Kosten lassen sich daher durch eine Verkürzung der Arbeitszeiten reduzieren. Zum anderen scheinen Unternehmen die personalpolitischen Flexibilitätsmöglichkeiten und wirtschaftlichen Chancen noch kaum entdeckt zu haben, die – bei einem gleich bleibenden Volumen an Arbeitsstunden – mit einer größeren Zahl von Mitarbeitern und durchschnittlich kürzeren Arbeitszeiten verbunden sind. Statt sich unter eine extrem knappe Personaldecke zu zwängen und mit vergleichsweise wenig, (über)lang arbeitenden und dadurch oft überforderten Personen auskommen zu müssen, kann innovative Personalplanung auch einen anderen Weg gehen: Mit kürzer und effektiver arbeitenden Mitarbeiterinnen und Mitarbeitern sind Produktivitätsgewinne zu erzielen und können Unternehmen auch personalpolitisch besser »atmen«. Unternehmen wären nicht länger auf große relativ unbewegliche Zeitbausteine (von 40 und mehr Stunden) angewiesen, sondern können – »Lego statt Duplo« – kleinere Zeitmodule einsetzen, um flexibel wechselnde Marktbedingungen nutzen und ihr spezifisches Personalpuzzle zeitlich optimal ausgestalten zu können.

Dieser könnte den Wunsch weiter wachsen lassen, Erwerbsarbeit zu begrenzen, um während längerer biografischer Phasen mehr freie Zeit für Kinder und Familie oder auch für andere Lebensziele zu haben.

Wahlarbeitszeit ermöglichen – das Recht auf kürzere Arbeitszeit stärken
Während in Frankreich Arbeitszeiten politisch definiert sind und die 35-Stunden-Woche mit Hilfe von Gesetzen eingeführt wurde, legt in Deutschland das Arbeitszeitgesetz nur hohe Obergrenzen fest. Die Festlegung der Länge der Arbeitszeiten erfolgt in Deutschland vor allem durch Tarifparteien und individuelle Arbeitsverträge. Dies bedeutet allerdings nicht, dass staatliche Politik keine Einflussmöglichkeiten hätte. Auch in Deutschland kann Politik einen Paradigmenwechsel einleiten, neue Leitbilder definieren und Rahmenbedingungen verändern. In einem neuorientierten Arbeitszeitgesetz können Arbeitszeiten in der Länge begrenzt und ökonomische Anreize für eine faire Verteilung von Arbeit gesetzt werden.

Ein anderer Weg besteht darin, durch die Bereitstellung von »Ziehungsrechten« für Erwerbstätige – über ihre Biografie verteilt – Möglichkeiten für bezahlte oder unbezahlte Freistellungen zu schaffen, entweder ohne Zweckbindungen oder gezielt für Bildung, Kinder- und Altenbetreuung oder ehrenamtliche Tätigkeiten (Mückenberger 2007). Einige zweckgebundene Ziehungsrechte – teilweise mit Einkommensausgleich – sind bereits realisiert, z.B. Elternzeit, Bildungsurlaub oder die Freistellungen für politische Ämter. Über Einkommenstransfers in Zeiten der Freistellung ist politisch zu entscheiden: »Meine Wunschvorstellung ist, dass jeder oder jede pro Arbeitsleben einen Freistellungsanspruch bei oberhalb von Sozialhilfe liegenden Einkommenstransfers von ... vielleicht insgesamt zehn Jahren erhält. ... Wenn man dies in Anspruch nimmt, tut man nicht nur sich selbst, sondern allen Mitbewerbern um Arbeitsplätze einen Gefallen, weil dann der Angebotsüberhang am Arbeitsmarkt etwas geringer wird und die Verbleibchancen in den Jobs besser« (Offe 2005: 14).

Eine Möglichkeit der individuellen Arbeitszeitreduzierung mit entsprechenden Einkommensminderungen bietet auch das seit dem Jahre 2001 in Deutschland geltende Teilzeitgesetz, das ohne Bindung an einen vorgegebenen Zweck einen individuellen Rechtsanspruch vorsieht, die Arbeitszeiten in einem selbst gewählten Umfang abzusenken. Die Umsetzung dieses Gesetzes hat sich in der Praxis als wenig problematisch erwiesen (Wanger 2004). Noch ist die Nutzung dieses Rechtsanspruchs nicht weit verbreitet. Ein möglicher Grund ist, dass die individuelle Inanspruchnahme nicht immer frei ist von betrieblichen Diskriminierungen. In dem Maße, in dem es mit Unterstützung durch betriebliche Interessenvertretungen und im Rahmen einer neuen Unternehmenskultur gelingt, negative Folgen einer Inanspruchnahme des Teilzeitgesetzes auszuschließen, wird die Nutzung über Einzelfälle hinausgehen und zur betrieblichen Normalität werden. Allerdings blockiert auch die Bestimmung, dass eine einmal getroffene Entscheidung für eine Verkürzung der Arbeitszeit ohne Zustimmung des Arbeitgebers nicht wieder rückgängig gemacht werden kann, eine breitere Nutzung dieses Wahlrechts. Das gegenwärtig eng gefasste Teilzeitgesetz kann aber zu einem wirkungsvollen »*Wahlarbeitszeitgesetz*« weiterentwickelt werden, indem die Entscheidungsmöglichkeiten von Beschäftigten über die Dauer ihrer Arbeitszeit gestärkt und Rückkehrmöglichkeiten zu längeren Arbeitszeiten und entsprechenden Einkommen rechtlich abgesichert werden.

Innovative Tarifpolitik
Mit ihrem Eintreten für eine Verkürzung der Arbeitszeiten verfolgen Gewerkschaften ein doppeltes Ziel: Durch kürzere Arbeitszeiten versuchen sie, das Überangebot an Arbeitskraft zu reduzieren und zu einer Beschäftigungspolitik beizutragen, die Arbeitslosigkeit verringert oder gar nicht erst entstehen lässt. Zum anderen zielen sie auf den Abbau von gesundheitlichen Belastungen und eine Vermehrung von Zeitwohlstand. Ohne die gewerkschaftliche Politik der Arbeitszeitverkürzung wäre die Arbeitslosigkeit in Deutschland vermutlich noch weit höher, als sie es tatsächlich ist. Eine Strategie der Arbeitszeitverkürzung steht allerdings immer auch in Konkurrenz zu anderen tarifpolitischen Zielen von Gewerkschaften. Arbeitszeitverkürzungen konnten nur erreicht werden, indem die Beschäftigten die ohne Arbeitszeitverkürzung möglichen Einkommenserhöhungen nicht ausschöpften.[17] Da die Verkürzung der Arbeitszeit in der Vergangenheit nicht ausreichte, um das Anwachsen der Arbeitslosigkeit zu verhindern, wuchs mit der Arbeitslosigkeit auch der Wettbewerb auf dem Arbeitsmarkt mit der Folge, dass die Gewerkschaften Einfluss und Durchsetzungskraft einbüßten. Dieser Konkurrenzdruck wäre allerdings bei einem Verzicht auf eine Politik der Arbeitszeitverkürzung und einer entsprechend höheren Arbeitslosigkeit vermutlich weiter gestiegen. Die Folge wäre gewesen, dass die Durchsetzungsfähigkeit von Gewerkschaften noch stärker gelitten hätte. Wenn aber in Zukunft mit einer Politik des Arbeit-Fair-Teilens die hohe Arbeitslosigkeit abgebaut und die Konkurrenz zwischen Erwerbstätigen und Erwerbsarbeitslosen entschärft werden kann, gewinnen betriebliche Interes-

---

[17] Auch mussten sie den Arbeitgebern zugestehen, dass diese je nach Marktbedingungen und betrieblichen Interessen Arbeitskräfte flexibel einsetzen können. Die Folge ist, dass Maschinenlaufzeiten und Öffnungszeiten verlängert, Arbeitszeiten in den Abend und in die Nacht ausgedehnt wurden und Schicht- und Wochenendarbeit deutlich zugenommen hat. Heute ist Deutschland das Land mit den flexibelsten Arbeitszeiten in Europa.

senvertretungen und Gewerkschaften auch neue Handlungsmöglichkeiten und Durchsetzungskraft.

Ausgehend vom Modell der »4-Tage-Woche« bei der Volkswagen AG hat sich seit Mitte der 1990er Jahre in betrieblichen Krisensituationen Arbeitszeitabsenkung als Weg fest etabliert, Entlassungen zu vermeiden. Arbeitszeitverkürzungen, die mit Einkommensverlusten verbunden sind, werden vor allem dann von Belegschaften akzeptiert, wenn die positiven Ergebnisse konkret erfahren werden können. Dies ist dann der Fall, wenn durch die Absenkung von Arbeitszeiten der eigene Arbeitsplatz oder der von KollegInnen gesichert und ansonsten drohende Entlassungen abgewendet werden können. Wie eine vom Arbeitgeberverband Gesamtmetall veröffentlichte Untersuchung belegt, haben bereits mehr als 20% aller Unternehmen der deutschen Metall- und Elektroindustrie den entsprechenden Tarifvertrag zur Beschäftigungssicherung genutzt. Geschäftsleitungen *und* Betriebsräte bewerten ihre Erfahrungen mit diesem Tarifvertrag mehrheitlich positiv (vgl. Richter/Spitzley 2003).[18]

Kürzere Arbeitszeiten können aber nicht nur in betrieblichen Krisensituationen Arbeitsplätze sichern, sondern auch für Neueinstellungen genutzt werden. Arbeitszeitabsenkung wirkt dann unmittelbar beschäftigungsfördernd, wenn z.B. vier Beschäftigte jeweils ein Fünftel ihrer Arbeitszeit abgeben und eine fünfte, bislang arbeitslose Person das frei werdende Arbeitsvolumen übernimmt. In einem in Niedersachsen 1998 abgeschlossenen Tarifvertrag zur Beschäftigungs*förderung* wurde eine finanzielle Förderung von Arbeitszeitverkürzungen vereinbart. Erstmals in der deutschen Tarifgeschichte wurde Beschäftigten, die freiwillig ihre Arbeitszeit absenken, ein Teillohnausgleich aus einem hierfür eingerichteten Tariffonds gezahlt. Voraussetzung hierfür war, dass die frei werdende Arbeitszeit für Neueinstellungen genutzt wurde (Reinecke/Mehlis 2001).

Die durch Tarifverträge festgelegten kürzeren Arbeitszeiten sind keine Teilzeitarbeit. Sie gelten für alle und etablieren eine neue betriebliche Realität. Die hohe Akzeptanz der »4-Tage-Woche« bei der Volkswagen AG beruhte ganz wesentlich auf der Tatsache, dass sie grundsätzlich *für alle* Beschäftigten im Unternehmen galt. Viele Männer hätten »Teilzeitarbeit« nur schwer mit ihrem traditionellen Selbstbild vereinbaren können. Die zeitweise auf 29 Wochenstunden verkürzte Arbeitszeit wurde dagegen als normale (kürzere) *Vollzeitarbeit* verstanden (Jürgens/Reinecke 1998).

---

[18] Aktuelle weitere Modelle gelungener Arbeitszeitverkürzung finden sich in Arbeitnehmerkammer Bremen 2008.

Kürzer arbeiten – besser für alle: »Vollbeschäftigung neuen Typs« 133

Arbeit teilen – Zeit gewinnen
Unter den gegenwärtigen Arbeits- und Lebensbedingungen leiden viele Menschen unter chronischer Zeitnot. Sie wollen kürzer arbeiten, als sie es derzeit tun, auch dann, wenn sie keinen Einkommensausgleich durchsetzen können. In einer europaweit durchgeführten repräsentativen Untersuchung führte daher die Frage: »Wie viele Stunden pro Woche möchten Sie arbeiten – vorausgesetzt, dass Sie (und Ihr/e Partner/in) Ihre Arbeitszeit frei wählen könnten und wenn Sie daran denken, Ihren Lebensunterhalt verdienen zu müssen?« zu dem Ergebnis, dass 35% der Befragten mit ihrer tatsächlichen Arbeitszeit zufrieden sind, 11% möchten gerne länger arbeiten, aber 49% wollen ihre Arbeitszeit verkürzen – auch mit entsprechenden Einkommensminderungen. Per Saldo wird eine im Durchschnitt fünf Stunden kürzere reale Arbeitszeit angestrebt (Bielenski u.a. 2002).

Die weitverbreitete Bereitschaft zu einer fairen Verteilung von Arbeit (und Einkommen) wird auch durch eine Untersuchung der Arbeitnehmerkammer Bremen deutlich belegt. Hier wurde die folgende Frage gestellt: »Ein Modell zur Reduzierung von Arbeitslosigkeit heißt ›Arbeit für alle – mit 30 Stunden pro Woche (ohne Lohnausgleich)‹. Würden Sie bei diesem Modell mitmachen?« Zwei Drittel aller Befragten antworteten mit »Ja«. Besonders hoch war die Unterstützung bei jungen Menschen. Von den 18- bis 25-Jährigen sprachen sich drei Viertel der Befragten für dieses Modell aus (Arbeitnehmerkammer Bremen 2004).

Auch die Auswertung aktueller Daten des deutschlandweit erhobenen Sozioökonomischen Panels (SOEP) mit Blick auf Wechselbeziehungen zwischen Arbeitszeitwünschen, Arbeitslosigkeit und -zeitpolitik weist in die gleiche Richtung. Die Frage des SOEP lautet: »Wenn Sie den Umfang ihrer Arbeitszeit selbst wählen könnten und dabei berücksichtigen, dass sich Ihr Verdienst entsprechend der Arbeitszeit ändern würde; wie viele Stunden in der Woche würden Sie am liebsten arbeiten?« (Grözinger et al. 2008: 94) Wer im zeitlichen Umfang anders arbeiten muss als gewünscht, leidet unter einer erheblichen Minderung an Lebensqualität (ebd.). Es zeigt sich, dass nur etwa ein Viertel der Erwerbstätigen mit ihren gegenwärtigen Arbeitszeiten zufrieden ist. Ein knappes Fünftel würde gerne mehr arbeiten.[19] Eine Mehrheit von 54% ist aber gewillt, ihre Arbeitszeit zu verkürzen.[20] Und dies

---

[19] Dies sind vor allem Männer und Ostdeutsche, die derzeit ungewünscht in Teilzeit arbeiten.
[20] Dieser Befund macht die weite Verbreitung und die Stärke des Interesses an kürzeren Arbeitszeiten deutlich, da die Befragten einkalkulieren mussten, dass sich ihr »Verdienst entsprechend der Arbeitszeit ändern« würde.

durchschnittlich um acht Stunden pro Woche, wobei sich diese Zahl aus einer Mischung aus unerfüllten Teilzeitwünschen, Minderung von Überstunden und dem allgemeinen Interesse an mehr freier Zeit erklärt. Werden die Wünsche nach Verlängerung und Verkürzung gegeneinander aufgerechnet, ergibt sich ein rechnerischer Nettoeffekt, der pro Erwerbstätigen eine Verkürzung von 2,8 Stunden ergibt. Bezogen auf die durchschnittlich real gearbeitete Arbeitszeit von 37,2 Stunden ist dies der Wunsch nach einer mittleren Senkung der Arbeitszeit aller Beschäftigten um etwa 7,5%. Wenn die ermittelten Wunscharbeitszeiten realisiert und das entsprechende Arbeitsvolumen für Neueinstellungen genutzt würde, entstünden über 2,4 Mio. Arbeitsplätze mit den heute durchschnittlichen Arbeitszeiten (Grözinger et al. 2008: 96).

4. Ausblick: Eine neue Politik der Arbeit

Eine Absenkung der heute üblichen Arbeitszeiten entspricht den Bedürfnissen der Mehrheit der Erwerbstätigen und ist eine gute Grundlage für eine auf eine faire Verteilung gerichtete Arbeitspolitik. Erwerbsarbeit wird auch in Zukunft einen zentralen Stellenwert behalten. Sie wird aber auf ein gesellschaftlich verallgemeinerbares Maß zu begrenzen und zu verteilen sein. Eine am Ziel des Arbeiten-Fair-Teilens orientierte Politik zielt dabei auf die Überwindung der Spaltung zwischen Erwerbstätigen und Arbeitslosen, auf soziale Integration und Sicherheit, auf Geschlechtergerechtigkeit und Verminderung von individueller und familiärer Zeitnot. Das Ziel der fairen Verteilung gilt dabei für beide Währungen des Wohlstands: für Geld *und* Zeit.

Dabei werden allerdings bei einer Reihe von Akteuren tief sitzende Ideologien, Interessen und Handlungsroutinen in Frage gestellt. Wer jahrzehntelang in einer Welt lebte, die sich im Wesentlichen um Erwerbsarbeit drehte, wird überkommene Arbeits- und Lebensweisen zu überprüfen haben. Die faire Verteilung der Arbeit ist ein großes, wenn nicht gar revolutionäres gesellschaftliches Projekt – und hat mit vielen Widerständen zu rechnen. In dem Maße, in dem es aber individuell, betrieblich und gesellschaftlich gelingt, das Leitbild der »kurzen Vollzeit für alle« zu etablieren, entstehen vielfältige neue Optionsräume und Handlungsmöglichkeiten – für Frauen *und* Männer, Gewerkschaften und Politik.

Die einseitige Dominanz der Erwerbsarbeit wird abgebaut. Menschen können neu und besser zwischen verschiedenen Tätigkeitsfeldern wählen und unterschiedliche Arbeitsformen und -zeiten in ihren Lebensentwürfen kombinieren und mit ihnen balancieren. Die Begrenzung der durchschnitt-

Kürzer arbeiten – besser für alle: »Vollbeschäftigung neuen Typs« 135

lichen individuellen Erwerbsarbeit auf 1.300 oder 1.400 Jahresarbeitsstunden schafft einen *neuen Zeitwohlstand*, über den jede/r frei verfügen und den er/sie für familiäre Ziele, für zivilgesellschaftliches Engagement und vieles andere einsetzen kann. Jede Menge Einwände sind zu bedenken und Stolpersteine zu beseitigen. Der Weg zur »kurzen Vollzeit für alle« führt daher über das Erkennen und Lösen von Widersprüchen, das Überwinden auch widerstreitender Interessen, individuelle und kollektive Suchprozesse und gesellschaftliche Experimente. Eine Politik des Arbeit-Fair-Teilens kann aber eine neue Basis für eine soziale, gerechte und zukunftsfähige Gesellschaft schaffen.

Literatur

Alda, Holger (2005): Beschäftigungsverhältnisse, in: Soziologisches Forschungsinstitut (SOFI)/Institut für Arbeitsmarkt- und Berufsforschung (IAB)/Institut für sozialwissenschaftliche Forschung (ISF)/Internationales Institut für empirische Sozialökonomie (INIFES) (Hrsg.): Berichterstattung zur sozioökonomischen Entwicklung in Deutschland. Arbeit und Lebensweisen. Erster Bericht. Wiesbaden: Verlag für Sozialwissenschaften, 245-269
Arbeitnehmerkammer Bremen (2004): Mitgliederbefragung. Bremen
Arbeitnehmerkammer Bremen (2008): »Weniger ist mehr!« Aktuelle Beispiele gelungener Arbeitszeitverkürzung. Bremen
Baier, Andrea/Müller, Christa/Werner, Karin (2007): Wovon Menschen leben. Arbeit, Engagement und Muße jenseits des Marktes. München: oekom
Bauer, Frank/Groß, Hermann/Lehmann, Klaudia/Munz, Eva (2004): Arbeitszeit 2003. Arbeitszeitgestaltung, Arbeitsorganisation und Tätigkeitsprofile. Köln: Institut zur Erforschung sozialer Chancen
Bielenski, Harald/Bosch, Gerhard/Wagner, Alexandra (2002): Wie die Europäer arbeiten wollen. Erwerbs- und Arbeitszeitwünsche in 16 Ländern. Frankfurt/New York: Campus
Biesecker, Adelheid (2000): Kooperative Vielfalt und das »Ganze der Arbeit«. Wissenschaftszentrum Berlin für Sozialforschung, Discussion Paper 00-504
Bontrup, Heinz-J./Niggemeyer, Lars/Melz, Jörg (2007): Arbeitfairteilen. AttacBasisTexte 27. Hamburg: VSA-Verlag
Born, Sabrina (2005): Bürgerschaftliches Engagement: stabilisieren, stärken, steigern. Innovation und Investition in Infrastruktur und Infrastruktureinrichtungen. Bonn: Friedrich-Ebert-Stiftung.
Brandl, Sebastian/Hildebrandt, Eckart (2002): Zukunft der Arbeit und soziale Nachhaltigkeit. Zur Transformation der Arbeitsgesellschaft vor dem Hintergrund der Nachhaltigkeitsdebatte. Opladen: Leske+Budrich

Brinkmann, Ulrich/Dörre, Klaus/Röbenack, Silke/Kraemer, Klaus/Speidel, Frederic (2006): Prekäre Arbeit. Ursachen, Ausmaß, soziale Folgen und subjektive Verarbeitungsformen unsicherer Beschäftigungsverhältnisse. Bonn: Friedrich-Ebert-Stiftung

Bundesministerium für Arbeit und Soziales (2006): Statistisches Taschenbuch 2006. Arbeits- und Sozialstatistik. Bonn

Bundesministerium für Familie, Senioren, Frauen und Jugend/Destatis (2003): Wo bleibt die Zeit? Die Zeitverwendung der Bevölkerung in Deutschland 2001/02.

Bundesministerium für Familie, Senioren, Frauen und Jugend (2005): Freiwilliges Engagement in Deutschland 199-2004. Kurzfassung. München

Bundesministerium für Gesundheit und Soziale Sicherung (BMGS) (2003): Bericht der Kommission »Nachhaltigkeit in der Finanzierung der Sozialen Sicherungssysteme«. Bonn/Berlin

Bundesregierung (2008): Lebenslagen in Deutschland. Der 3. Armuts- und Reichtumsbericht der Bundesregierung. Verfügbar über: http://www.bmas. de/coremedia/generator/26742/property=pdf/dritter__armuts__und__reichtumsbericht.pdf [Zugriff 13.8.2008]

Dahrendorf, Ralf (1983). Die Tätigkeitsgesellschaft, in: Dahrendorf, Ralf: Die Chancen der Krise. Stuttgart: Deutsche Verlagsanstalt, S. 88-100

Deutscher Bundestag (2002): Bürgerschaftliches Engagement: auf dem Weg in eine zukunftsfähige Bürgergesellschaft. Bericht der Enquete-Kommission »Zukunft des Bürgerschaftlichen Engagements«. Deutscher Bundestag Drucksache 14/8900

Deutscher Gewerkschaftsbund (DGB) (2007): DGB-Index Gute Arbeit. Der Report. Berlin: DGB

Deutsche Gesellschaft für Zeitpolitik (Eckart Hildebrandt/Helga Krüger/Ulrich Mückenberger/Helmut Spitzley) (2005): Zeit ist Leben. Manifest der Deutschen Gesellschaft für Zeitpolitik. Berlin: DGZP

Dörre, Klaus/Fuchs, Tatjana (2005): Prekarität und soziale (Des-)Integration. In: Z. Zeitschrift Marxistische Erneuerung, H. 63, S. 20-35

Dreger, Christian/Brautsch, Hans-Ulrich (2001): Beschäftigungsschwelle tendenziell rückläufig, in: Wirtschaft im Wandel 4/2001, S. 81-85

Friedrich-Ebert-Stiftung (2006): Gesellschaft im Reformprozess. Bonn: Friedrich-Ebert-Stiftung

Fuchs, Johann (2002): Erwerbspersonenpotenzial und Stille Reserve – Konzeption und Berechnungsweise, in: Kleinhenz, Gerhard (Hrsg.): IAB-Kompendium Arbeitsmarkt- und Berufsforschung. Beiträge zur Arbeitsmarkt- und Berufsforschung, BeitrAB 250, S. 79-94.

Fuchs, Johann/Söhnlein, Doris (2005): Vorausschätzung der Erwerbsbevölkerung bis 2050. IAB-Forschungsbericht 16/2005. Nürnberg: Bundesagentur für Arbeit

Fuchs, Johann/Dörfler, Katrin (2005): Projektion des Arbeitsangebots bis 2050:

Demografische Effekte sind nicht mehr zu bremsen, in: IAB-Kurzbericht 11/2005

Gesterkamp, Thomas (2007): Die neuen Väter zwischen Kind und Karriere. Freiburg: Herder

Grözinger, Gerd/Matiaske, Wenzel/Tobsch, Verena (2008): Arbeitszeitwünsche, Arbeitslosigkeit und Arbeitszeitpolitik, in: WSI-Mitteilungen, H. 2/2008, S. 92-99

Hartard, Susanne/Schaffer, Axel/Stahmer, Carsten (Hrsg.) (2006): Halbtagsgesellschaft – Konkrete Utopie für eine zukunftsfähige Gesellschaft. Baden-Baden: Nomos

Hildebrandt, Eckardt (Hrsg.) (2007): Lebenslaufpolitik im Betrieb. Optionen zur Gestaltung der Lebensarbeitszeit durch Langzeitkonten. Berlin: Edition Sigma

Holtrup, André/Spitzley, Helmut (2008): Arbeit fair teilen. Gedankenexperimente zur Zukunft der Arbeit. Unveröffentlichtes Manuskript. Download: www.iaw.uni-bremen.de

IG Metall Projekt Gute Arbeit (Hrsg.) (2007): Handbuch »Gute Arbeit«. Hamburg: VSA-Verlag

Illich, Ivan (1980): Selbstbegrenzung. Reinbek: Rowohlt

Jahoda, Marie (1983): Wieviel Arbeit braucht der Mensch? Arbeit und Arbeitslosigkeit im 20. Jahrhundert. Weinheim: Beltz

Jürgens, Kerstin/Reinecke, Karsten (1998): Zwischen Volks- und Kinderwagen. Auswirkungen der 28,8-Stunden-Woche bei der VW AG auf die familiale Lebensführung von Industriearbeitern. Berlin: Sigma

Klenner, Christiana/Pfahl, Svenja (2008): Jenseits von Zeitnot und Karriereverzicht – Wege aus dem Arbeitszeitdilemma. WSI-Diskussionspapier Nr. 158. Düsseldorf: Hans-Böckler-Stiftung

Kraemer, Klaus/Speidel, Frederic (2005): Prekarisierung von Erwerbsarbeit. Zur Transformation des arbeitsweltlichen Integrationsmodus, in: Heitmeyer, Wilhelm/Imbusch, Peter (Hrsg.): Integrationspotenziale einer modernen Gesellschaft. Wiesbaden: Verlag für Sozialwissenschaften, S. 368-390

Kress, Ulrike (1998): Vom Normalarbeitsverhältnis zur Flexibilisierung des Arbeitsmarktes – Ein Literaturbericht, in: MittAB 3/98, S. 488-505

Melz, Jörg/Niggemeyer, Lars (2007): Sieben Millionen Menschen ohne Arbeit, in: Blätter für deutsche und internationale Politik, H. 7, S. 1289-1292

Mückenberger, Ulrich (1989): Der Wandel des Normalarbeitsverhältnisses unter Bedingungen einer »Krise der Normalität«, in: Gewerkschaftliche Monatshefte 4/1989, S. 211-223

Mückenberger, Ulrich (2007): Ziehungsrechte. Ein zeitpolitischer Weg zur »Freiheit in der Arbeit«, in: WSI-Mitteilungen 4/2007, S. 195-201

Nave-Herz, Rosemarie (2002): Wandel und Kontinuität in der Bedeutung, in der Struktur und Stabilität von Ehe und Familie in Deutschland, in: Nave-Herz, Rosemarie (Hrsg.): Kontinuität und Wandel der Familie in Deutschland. Eine

zeitgeschichtliche Analyse. Stuttgart: Lucius&Lucius, S. 45-70
Neugebauer, Gero (2007): Politische Milieus in Deutschland. Die Studie der Friedrich-Ebert-Stiftung. Bonn: Dietz
Offe, Claus (1997): Was tun mit dem »Überangebot« an Arbeitskraft? In: Gewerkschaftliche Monatshefte 4/1997, S. 239-243
Offe, Claus (2005): In: Deutsche Gesellschaft für Zeitpolitik 2005: 14
Osterland, Martin (1990):»Normalbiographie« und »Normalarbeitsverhältnis«, in: Berger, Peter/Hradil, Stefan (Hrsg.): Lebenslagen, Lebensläufe, Lebensstile. Göttingen: Schwartz, S. 351-362
Prognos AG (2003): Betriebswirtschaftliche Effekte familienfreundlicher Maßnahmen. Köln
Prognos AG (2005): WorkLifeBalance. Motor für wirtschaftliches Wachstum und gesellschaftliche Stabilität. Analyse der volkswirtschaftlichen Effekte – Zusammenfassung der Ergebnisse. Berlin
Pusse, Leo (2002): Die Beschäftigungsschwelle als zentrale Determinante der Erwerbstätigkeit, in: Kleinhenz, Gerhard (Hrsg.): IAB-Kompendium Arbeitsmarkt- und Berufsforschung. Beiträge zur Arbeitsmarkt- und Berufsforschung 250, S. 71-78.
Reinberg, Alexander/Hummel, Markus (2004): Fachkräftemangel bedroht Wettbewerbsfähigkeit der deutschen Wirtschaft, in: Aus Politik und Zeitgeschichte 28/2004, S. 3-10
Reineke, Karsten/Mehlis, Peter (2001): Attraktive Teilzeitarbeit schafft neue Arbeitsplätze, in: WSI-Mitteilungen 10/2001, S. 622-625
Richter, Götz/Spitzley, Helmut (2003): Unternehmenskrise = Arbeitsplatzabbau? Es geht auch anders. Der Tarifvertrag zur Beschäftigungssicherung in der Praxis. Industriegewerkschaft Metall (Hrsg.): Grüne Reihe Nr. 11. Frankfurt: IGM
Rürup, Bert/Gruescu, Sandra (2005): Familienorientierte Arbeitszeitmuster – Neue Wege zu Wachstum und Beschäftigung. Berlin: Bundesministerium für Familie, Senioren, Frauen und Jugend
Sachs, Wolfgang/Santarius, Tilman (2005): Fair Future. Begrenzte Ressourcen und Globale Gerechtigkeit. München: C.H. Beck
Schaffer, Axel/Stahmer, Carsten (2005): Die Halbtagsgesellschaft – ein Konzept für nachhaltigere Produktions- und Konsummuster, in: GAIA 14/3, S. 229-239
Schildt, Georg (2006): Das Sinken des Arbeitsvolumens im Industriezeitalter. Geschichte und Gesellschaft 1/2006, S. 119-148.
Seifert, Hartmut (2003): Zeitenwende – Was bringen längere Arbeitszeiten für die Beschäftigung? In: WSI-Mitteilungen 11/2003, S. 644-650
Seifried, Dieter (1997): Zur Notwendigkeit einer gesellschaftlichen Arbeitszeitverkürzung. Freiburg: Öko-Institut
Siemers, Barbara (2005): Sabbaticals – Optionen der Lebensgestaltung jenseits des Berufsalltags. Frankfurt a.M.: Peter Lang Verlag

Spitzley, Helmut (1998): Arbeitszeit und plurale Ökonomie – Handlungsoptionen in einer solidarischen Gesellschaft, in: Bierter, Willy/Winterfeld, Uta von (Hrsg.): Zukunft der Arbeit – welcher Arbeit? Basel: Birkhölzer

Spitzley, Helmut (2006): Solidarische Arbeitsverteilung und kurze Vollzeit. Beschäftigungs-, gesundheits- und geschlechterpolitische Perspektiven einer neuen Arbeitspolitik, in: Siller, P./Dückert, T./Baumann, A. (Hrsg.): Arbeit der Zukunft. Neue Wege einer gerechten und emanzipativen Arbeitspolitik. Baden-Baden: Nomos, S. 357-365

Stahmer, Carsten (2006): Halbtagsgesellschaft. Anregungen für ein sozial nachhaltiges Deutschland. Universität Bielefeld, Zentrum für interdisziplinäre Forschung, unveröffentlicher Forschungsbericht, im Internet unter dem angegebenen Titel verfügbar.

Ullrich, Otto (1980): Weltniveau in der Sackgasse des Industriesystems. Berlin: Rotbuch

Ullrich, Otto (2001): Forschung und Technik für eine zukunftsfähige Lebensweise, in: Fricke, W. (Hrsg.): Jahrbuch Arbeit und Technik 2001/2002. Bonn: Dietz, S. 157-190

Ullrich, Otto (2008): Das produktivistische Weltbild. Wie sich der moderne Mensch in seinem selbstgezimmerten Hamsterrad gefangen hält und dabei sich und die Erde ruiniert. Berlin: www.otto-ullrich.de

von Weizsäcker, Christine (1988): Die Arbeit als sinnstiftendes Zentrum des Lebens, in: Vorstand der SPD (Hrsg.): Materialien »Frauen brauchen mehr!« Bonn 1988

Wanger, Susanne (2004): Teilzeitarbeit – Ein Gesetz liegt im Trend. IAB-Kurzbericht Nr. 18/2004

Wanger, Susanne (2006): Erwerbstätigkeit, Arbeitszeit und Arbeitsvolumen nach Geschlecht und Altersgruppen. Ergebnisse der IAB-Arbeitszeitrechnung nach Geschlecht und Alter für die Jahre 1991-2004, IAB-Forschungsbericht 2/2006

Weber, Brigitte/Fuchs, Johann (2007): Verdeckte Arbeitslosigkeit in Deutschland. Umfang, Struktur und Entwicklung, in: Gesundheits- und Sozialpolitik 9-10/2007, S. 43-53

Notizen

Notizen 141

Notizen

VSA: Arbeit im demografischen Wandel

136 Seiten; € 11.80
ISBN 978-3-89965-297-0
Älter werden im IT-Beruf? Einer scheinbar paradoxen Frage, die sich auf eine meist mit Jugendlichkeit assoziierte Branche richtet, wird in dieser ersten Studie zum Thema im deutschsprachigen Raum nachgegangen.

Michael Fütterer/Lisa Hofmann/Helmut Weick u.a.
Ausbildung für Alle!
Wege aus der Ausbildungskrise
96 Seiten; € 7.20
ISBN 978-3-89965-310-6

Prospekte anfordern!

VSA-Verlag
St. Georgs Kirchhof 6
20099 Hamburg
Tel. 040/28 09 52 77-10
Fax 040/28 09 52 77-50
Mail: info@vsa-verlag.de

196 Seiten; € 14.80
ISBN 978-3-89965-328-1
Die AutorInnen zeigen Wege zur solidarischen Erneuerung einer schrumpfenden und alternden Gesellschaft auf.

Frank Lorenz/Günter Schneider (Hrsg.)
Alternsgerechtes Arbeiten
Der demografische Wandel
in den Belegschaften
172 Seiten; € 14.80
ISBN 978-3-89965-301-4

Marianne Giesert (Hrsg.)
Prävention: Pflicht & Kür
Gesundheitsförderung und Prävention
in der betrieblichen Praxis
240 Seiten; € 12.80
ISBN 978-3-89965-296-3

www.vsa-verlag.de

VSA: Ökonomische Alternativen

336 Seiten, zahlreiche farbige Grafiken;
€ 16.80
ISBN 978-3-89965-332-8
Um die nachhaltige Fortentwicklung unseres Altersrentensystems geht es in dieser auf den neuesten Stand gebrachten Publikation der Volkssolidarität.

Sven Giegold/Dagmar Embshoff (Hrsg.)
**Solidarische Ökonomie
im globalisierten Kapitalismus**
In Kooperation mit der »Bewegungsakademie« und der »tageszeitung«
240 Seiten; € 14.80
ISBN 978-3-89965-227-7

Prospekte anfordern!

VSA-Verlag
St. Georgs Kirchhof 6
20099 Hamburg
Tel. 040/28 09 52 77-10
Fax 040/28 09 52 77-50
Mail: info@vsa-verlag.de

AttacBasisTexte 27
96 Seiten; € 6.50
ISBN 978-3-89965-249-9
Die Autoren zeiten: Arbeitszeitverkürzungen – seit langem politisch überfällig – sind ökonomisch machbar.

Hilde Wagner (Hrsg.)
**Arbeit und Leistung –
gestern und heute**
Ein gewerkschaftliches Politikfeld
256 Seiten; € 16.80
ISBN 978-3-89965-238-3

IG Metall Projekt Gute Arbeit (Hrsg.)
Handbuch »Gute Arbeit«
Handlungshilfen und Materialien
für die betriebliche Praxis
352 Seiten; mit CD; € 19.80
ISBN 978-3-89965-255-0

www.vsa-verlag.de